新质生产力

创构中国动力 实现阶跃式发展

贾康 苏京春 彭若飞◎著

中国出版集团
中译出版社

图书在版编目（CIP）数据

新质生产力 / 贾康，苏京春，彭若飞著 . -- 北京：中译出版社, 2024. 7. -- ISBN 978-7-5001-7944-3

Ⅰ . F120.2

中国国家版本馆 CIP 数据核字第 2024KH3852 号

新质生产力

XINZHI SHENGCHANLI

著　　者：贾　康　苏京春　彭若飞
总 策 划：乔卫兵
策划编辑：龙彬彬　于　宇
责任编辑：龙彬彬
文字编辑：田玉肖
营销编辑：马　萱　钟筏童

出版发行：中译出版社
地　　址：北京市西城区新街口外大街 28 号 102 号楼 4 层
电　　话：（010）68002494（编辑部）
邮　　编：100088
电子邮箱：book@ctph.com.cn
网　　址：http://www.ctph.com.cn

印　　刷：三河市国英印务有限公司
经　　销：新华书店
规　　格：710 mm × 1000 mm　1/16
印　　张：20
字　　数：181 千字
版　　次：2024 年 7 月第 1 版
印　　次：2024 年 7 月第 1 次印刷

ISBN 978-7-5001-7944-3　　　定价：79.00 元

版权所有　侵权必究
中 译 出 版 社

目 录

第一章
新质生产力内涵与体系：以"创新"促"质变"

第一节 新质生产力的概念 *004*

第二节 新质生产力的内涵 *007*

第三节 打开发展新质生产力新局面的创新体系 *010*

第二章
新质生产力与全要素生产率

第一节 经济增长视角下的新质生产力 *016*

第二节 全要素生产率与"新质"学理内涵的第一阶段 *019*

第三节 全要素生产率与"新质"学理内涵的第二阶段 *027*

第四节 全要素生产率与"新质"学理内涵的第三阶段 *036*

第五节 全要素生产率与"新质"学理内涵的数据要素观察 *042*

第六节 全要素生产率变迁与新质生产力 *048*

第三章
新质生产力与科学技术创新

第一节 从半导体概念到"硅谷的故事" *053*

第二节 "互联网+"创新的风起云涌及中国改革开放新时期
的急起直追 057

第三节 科技创新为新质生产力形成核心驱动 062

第四节 第四次工业革命的曙光：从"工业4.0"到生成式
人工智能 068

第四章
新质生产力与组织方式创新

第一节 通过生产组织方式推动新质生产力发展 073

第二节 商业模式创新 076

第三节 平台经济的价值变迁：从经济价值到社会价值 080

第四节 平台经济体现新质生产力价值创造能力的飞跃 100

第五章
新质生产力与产业链、供应链优化

第一节 完整的产业链配套是中国发展新质生产力的
底气 111

第二节 供应链是支持新质生产力发展的血脉 116

第三节 优化供应链促进新质生产力发展的路径 122

第六章
新质生产力与绿色发展

第一节 新质生产力和绿色生产力的关系 131

第二节 绿色科技创新是新质生产力的重要方向 137

第三节 推动绿色发展的政策保障 *142*

第四节 财税政策提升 ESG 表现及助推经济可持续发展 *152*

第七章
新质生产力与"数实融合"

第一节 理论视角对数字化企业平台的认知:从原理到
功用 *161*

第二节 实践视角对企业平台的认知:从传统到数字化 *166*

第三节 理论抽象范式:数字化企业平台分析框架的提出 *171*

第四节 案例考察:从分析框架看美国数字化企业平台
成功经验 *173*

第五节 中国数字化企业平台可探寻路径 *178*

第六节 支持数字化企业平台发展思路和要领探讨 *185*

第七节 新时代中国在"微笑曲线"上的位移:
从中国制造到中国创造、中国智造 *189*

第八章
新质生产力与中国式现代化

第一节 非竞争性要素、新动能与新质生产力 *197*

第二节 在改革深水区进一步"解放生产力"是可带来
"最大红利"的"关键一招" *207*

第三节 创新发展作为"第一动力"的逻辑内容 *212*

第四节 数字技术下经济社会的价值变迁 *219*

第九章
新质生产力与新发展格局和新型举国体制

第一节　有为、有限政府与有效市场：打造内循环为主体的内外循环相互促进新发展格局　*227*

第二节　新供给经济学对于经济循环内生动力的解说　*243*

第三节　内循环内生动力的客观来源：中国经济社会的"成长性"——独特的"巨国模型"及其潜力空间　*259*

第四节　人才和成果转化　*272*

第五节　收入分配与新质生产力激励机制的优化　*279*

第六节　深化改革，高水平开放，营造良好的创新生态　*290*

第十章
结语　*303*

第一章

新质生产力内涵与体系：以「创新」促「质变」

2023年9月，习近平总书记在黑龙江考察调研期间首次提到"新质生产力"。2024年1月31日，习近平总书记在中共中央政治局第十一次集体学习时强调，加快发展新质生产力，扎实推进高质量发展，指出高质量发展需要新的生产力理论来指导，而新质生产力已经在实践中形成并展示出对高质量发展的强劲推动力、支撑力，需要我们从理论上进行总结、概括，用以指导新的发展实践。习近平总书记指出："概括地说，新质生产力是创新起主导作用，摆脱传统经济增长方式、生产力发展路径，具有高科技、高效能、高质量特征，符合新发展理念的先进生产力质态。它由技术革命性突破、生产要素创新性配置、产业深度转型升级而催生，以劳动者、劳动资料、劳动对象及其优化组合的跃升为基本内涵，以全要素生产率大幅提升为核心标志，特点是创新，关键在质优，本质是先进生产力。"2024年3月5日下午，习近平总书记在参加十四届全国人大二次会议江苏代表团审议时强调，要牢牢把握高质量发展这个首要任务，因地制宜发展新质生产力。结合习近平总书记代表党中央对新质生产力的阐释，本章首先分析和认识新质生产力的概念及其在以高质量升级发展推进中国现代化进程中的重大意义和作用。

第一节　新质生产力的概念

马克思主义唯物史观明确阐述，生产力是决定经济社会发展、生产关系和社会制度、上层建筑演变的最根本性决定因素。在人类脱离动物界以后，就有了特定的社会生产力，初期即为劳动者、劳动对象、劳动工具三要素组合，体现为人类社会面对自然界从事生产活动以满足自身需要的能力，总的趋势是从自然分工开始的能力上升、升级的演变。一开始脱离动物界的原始人群，按照自然分工，男性肌肉发达适合狩猎，女性则依生理特点更易从事采集和哺育后代的工作。经过漫长的原始社会，随着农业革命的发生，以及后来工业革命的发生，生产力得到巨大提升，也就是其质态的演变。特别是工业革命后，这种质变方式是一种巨量提升、跃上新的大台阶式的重大变革。马克思主义经典作家说，工业革命后"资产阶级在它的不到一百年的阶级统治中所创造的生产力，比过去一切世代创造的全部生产力还要多，还要大"[①]。而我们现在所处的发生信

---

① 马克思，恩格斯.共产党宣言（纪念版）[M].北京：中央编译出版社，2005：31.

息革命之后的时代,生产力的又一次巨大提升更可以在学术上被描述为"阶跃式上升"。信息革命所创造的"新经济"社会,创新大潮日新月异。从半导体到互联网、移动互联,从大数据、云计算、区块链、大模型、人工智能到"人机互联"和"量子时代"的前瞻,让人眼花缭乱,同时在快速发展中也随之产生了一系列具有挑战性的问题。

生产力直接表现人和自然界的关系,体现在投入产出过程中,以多种供给要素结合,提供满足人类需要的有效供给。在当下讨论和认知"新质生产力",首先要对理论概念有一个正确的把握。新质生产力是马克思主义生产力理论在中国创新和实践中形成的学理表述,体现科技创新交叉、融合、突破所产生的革命性成果。它代表了新时代生产力的具体质变特征,即新的现代化生产力具有技术水平高、质量好、效率高、可持续等特征,依靠创新驱动是其关键要素,体现社会生产力演化发展中的一次巨大跃升。新质生产力在数字经济时代具有更强的融合性和新内涵,体现在其对电子信息、新能源、新材料、先进制造和先进服务业等领域的"数实融合"——即数字经济产业化、产业经济数字化,以及其对劳动者、劳动资料、劳动对象及其优化组合形成的质变。新质生产力也合乎逻辑地体现在其对绿色化、低碳化可再生能源的融合,以及对人工智能、数字网络通信技术等新基础设施的依赖。新质生产力的形成与作用发挥,是提升创新驱动发展能力的过程,包括科学价值创造、技术价值创造、经济价值创造、社会价值创造和文化价值创造的能力。在微观层面，表现为新质技术系统、新质生产单元、新质企业组织等；在中观层面，表现为新质产业部门、新质产业链、新质产业集群、新质创新网络等；在宏观层面，表现为建立在国家创新体系基础上的新质经济社会综合形态。

第二节 新质生产力的内涵

在推进实现中国式现代化的背景下,必须秉持党中央表述的以创新发展作为"第一动力"实现高质量发展的理念,从基础理论层面来对"新质生产力"做相关理解领会。这有认知其内涵的两大视角。

第一个视角,是人类供给侧创新中所形成的阶跃式发展所带来的具备质变特征的生产力新水平、新境界。如做大的划分,比如工业革命形成的生产力,较之农业革命时代的生产力,是新质生产力;信息革命形成的生产力,较之工业革命时代的生产力,又成为新质生产力。如做细的划分,比如信息革命时代,移动互联网所支持形成的生产力,较之有线互联所支持的生产力,是新质生产力;又比如当下,向未来展望,将来量子计算机所支持形成的生产力,较之电子计算机所支持形成的生产力,是新质生产力。

第二个视角,是生产力发展中供给侧要素组合的升级版所带来的具备质变特征的生产力新水平、新境界。美国硅谷引领数字经济大发展推进到以人工智能突破产生巨大的生产能力乘数放大效应,是这个原理在实践中的前沿式体现。从供给侧各单个要素的组合及其升级看,涉及"科技第一生产力",从公式上表现生产力三要素要升级为：（劳动力＋劳动对象＋劳动工具）× 科技成果应用，即科技并不是以其创新成果给传统上认知的生产力三要素做加法，排列为第四要素，而是做乘法，形成乘数放大效应，所以它是"第一"。在具备劳动力、资本、自然资源和科技成果应用之外，一定不能忽视制度和管理的要素。当今中国走到了改革的深水区，必须攻坚克难，即以深化改革解放生产力为思路继续推进实质性改革以取得"最大红利"，尤其要注重制度创新。劳动力、资本、土地等自然资源、科技、制度、管理等要素组合视角下的生产力，对应了"全要素生产率"概念，必须充分考虑贡献值不易量化但作用会表现为举足轻重的乘数放大效应的科技与制度因素。

全面把握新质生产力的内涵，应该是以上两个不同视角认识的综合。对中央要求的"推动新质生产力加快发展"的理解，应该包括把握住科技的前沿创新，以及全要素生产率的提升，来对冲劳动力、资本、自然资源等传统供给要素支撑力的下滑。近些年，我国经济社会发展中开始出现用工荒、招工难、用工贵等现象，说明原有的劳动力低廉成本优势在迅速丧失，在国际竞争力上，我国原来以低廉劳动成本形成的相对优势正在逐渐消退；我国以土地为代表的自然资源综合开发成本也明显提高，征地补偿拆迁等环节，往往矛盾积累以致激化，从经济问题变成社会问题，甚至引发社会不安定因素；资本虽然雄厚起来了，但投资边际收益递减的表现已大量发生，如何抓好"有效投资"这一关键,成为新的考验。因此,为对冲劳动力、自然资源、资本等方面不断增加的发展成本,以及带来的发展支撑力下滑,就必须形成升级发展新动力源的制度创新、科技创新、管理创新的组合,并配之以思想观念的创新,即要以创新发展作为第一动力,有效形成新旧动能转换中"全要素生产率"的提高。

第三节 打开发展新质生产力新局面的创新体系

"量变为质",以创新促质变,正是打开发展新质生产力新局面的哲理解说与内在逻辑,需要我们把握好相关创新体系的如下几方面要领。

第一,必须特别强调"解放生产力"的制度创新是发展新质生产力的龙头因素。克服"改革综合疲劳论",坚决反对和抵制形式主义的假改革和表面文章,要正确认识到真改革就是要攻坚克难动真格。中国经济社会的转轨进步,正处于"行百里者半九十"的爬坡过坎历史性考验阶段,改革是最大的红利,高水平改革开放是实现高质量可持续发展的大前提,是新质生产力纲举目张的"纲"。中央已经明确,必须在改革深水区攻坚克难,要谋划新一轮重大改革,配合着谋划新一轮财税改革。

第二,发展新质生产力的关键是科技创新及其成果应用。需要做好"追赶—赶超"战略与比较优势战略的合理组合搭配,充分发挥科技第一生产力的重要作用。中国认识、适应和引领"新常态"所要实现的中高速的高质量发展,其速度实际上可达到美国最满意速度的两倍以上,或者达到欧洲、日本最满意速度的三倍以上。这种超常规的"追赶—赶超"战略,需要有理性的设计和正确的把握，同时结合传统认识上的比较优势战略。比较优势战略是在把最高端排除以后下面大量的中高端、中端、低端领域里，可以在双循环格局里不断追求的正面效应。但以高端芯片、航空发动机等为代表的最高端的领域，特别在"卡脖子"问题上，比较优势战略会碰到其"天花板"，是完全无法解决的，必须以高水平的"追赶—赶超"战略通过新型举国体制实施攻关突破。

第三，新质生产力的升级发展战略思维上，要充分认同"数实融合"中数字经济头部平台企业的带动作用，以平台的前沿创新带动"专精特新"集群和全产业链的升级发展。其成效，是改变中国主要产能在全球价值链"微笑曲线"上的位置，在由"中国制造"向"中国创造""中国智造"的升级发展中，要占据左端的创意创新成功、成功确立品牌，以及右端的品牌营销售后服务市场扩展，从较低收益的地位上升为较高收益的地位。

第四，发展新质生产力，还必须务实地落在企业家及市场都认同的"细节决定成败"的管理创新与优化上。在对大方向有正确把握、对基本战略思路有正确把握以后，一定要重视细节，把所有可能做好的事情争取做到极致——这是发展新质生产力的务实保障。这就要在充分肯定和大力弘扬企业家精神的取向下，具备较高的企业决策与经营管理水平。宏观上对应的则是宏观治理的现代化。这样，新质生产力的运行和正面效应才有望落地生根、开花结果。而这体现为在市场上、国际竞争中，年复一年、日复一日务实抓好管理过程。企业家推崇的"把看起来简单的事情一天一天做到极致就是不简单，把每件容易的事情做到最佳状态就是不容易"，就是在运行视角上强调发展新质生产力必须注重的地方。

第五，发展新质生产力必须抓好思想的解放和观念的创新。

中央领导已经在不同场合多次强调思想再解放，意味着由此才能在中国"爬坡过坎"关键时期，加快发展新质生产力，打开新局面。除制度创新、技术创新、管理创新之外，以实事求是这一"马克思主义精髓"为取向的思想解放、观念创新必不可少。作为与时俱进地发展新质生产力的先行军，"思路决定出路"，绝对不能忽视思想观念的再解放，以求在"问题导向"下有针对性地克服形式主义、官僚主义、教条僵化、明哲保身、为官不为等痼疾、顽疾，进而带出以改革创新解放生产力的新引擎，使科技更振兴，管理工作更抓实，打开充满生机活力的发展新局面。

第二章 新质生产力与全要素生产率

发展经济学、增长经济学及新供给经济学理论用土地、资本、劳动力、技术进步和制度等要素来解释经济增长，并认为各生产要素在既定范围内的相互作用和动态变化中的优化组合可以推动经济达到一种相对稳定的均衡增长状态。2020年4月9日，中共中央、国务院印发了《关于构建更加完善的要素市场化配置体制机制的意见》，其中我国决策层首次明确将"数据"作为要素之一写入文件。增长经济学理论一般将要素分为竞争性要素和非竞争性要素两类，其中，竞争性要素的投入比率在达到一定水平后难再提高，而非竞争性要素则并不存在这样的限制，所以其亦被视为提升全要素生产率（Total Factor Productivity，简称TFP）的主要来源。当下，随着数字经济的蓬勃发展，数据要素对生产活动的重要意义日渐凸显，一方面由于其产权界定、收益权确认可带来竞争性，另一方面又由于其具备共享性、外溢性、可重复使用而不增加边际成本等特征，在不少场景中又属于典型的非竞争性要素。数据成为新要素后，原本以共享技术、制度作为非竞争性要素的组合，也升级为共享技术、制度和共享数据，并成为实现经济突破式变革、提升全要素生产率、推动经济实现动态新平衡的关键所在。

第一节　经济增长视角下的新质生产力

经济增长关乎人类福利、国家发展及政治稳定等诸多方面，是经济研究中颇得关注的领域。长期以来，诸多经济学家致力于探究长期经济增长的源泉和根本动力，并试图解释不同经济体的经济增长差异，由此发展出一系列经济模型，形成了现代经济增长理论。早期的增长理论在揭示边际报酬递减规律前提下，用土地、资本、劳动力等要素对经济增长做出相应解释，并在设定技术、人口增长率、储蓄率等因素外生的前提下，探究经济趋于稳态的演变路径及最终达到稳态时候的人均资本存量。彼时的经济增长理论较为关注的是各要素投入的产出效益对生产的贡献。20世纪50年代，罗伯特·索洛提出了具有规模报酬不变特性的总量生产函数，他发现经济增长核算中存在不能被土地、资本等要素投入解释的部分，即"索洛余值"，故提出全要素生产率这一概念。此概念被新古典学派用来概括纯技术进步在经济增长方面的作用，并被视为经济增长的源泉。

全要素生产率的提出打破了仅通过要素投入解释经济增长的刻板思维，将经济增长从单纯关注要素投入数量拓展到对要素使用效率的认知上。值得注意的是，对这一指标内涵的认识并未仅仅停留在纯粹技术进步的作用上，或说简单归因于更高效率的有形设备等资本改进上。随着经济社会的发展和内生增长理论、制度经济学、发展经济学、新供给经济学等理论的出现，全要素生产率更为广泛的意义被认识到，技术要素能够内生地带来经济增长，而良好的制度能够催生技术进步的发生，能够优化资源配置机制，能够对生产活动形成良性引导并最终促成生产效率的提升。正如经合组织在《生产率指标简编（2017）》中指出的："TFP 测算的是剩余残差，即不能被资本投资和劳动力投入解释的经济增长部分，代表劳动力和资本在生产过程中的利用效率，其变化也反映管理措施、品牌、组织变革、常识、网络效应，以及从一个因素外溢到另一个因素的调整成本、经济规模、不完全竞争效应和测算误差的影响变化等。"可见，解释全要素生产率，既要考虑技术，还应将制度、组织、管理等多方位的相关要素纳入研究范围。而组织、企业管理、品牌规范等可谓属于微观层面的"制度"要素，与宏观经济视角下的制度，共同构成影响全要素生产率的制度要素。

信息技术革命的发生，对人类生活产生了极大影响。千年之变后，以移动互联网为代表的技术发展催生了智能设备、社交网络、移动商务等领域的快速发展，并迅速渗透人们日常生活的方方面面。当前，随着信息技术革命进入发展的次世代，以数字经济为代表的新经济成为经济增长的强大引擎，5G、物联网、生物科技、人工智能大模型等领域的技术突破被寄予开启新一轮经济周期的希望。数据要素作为这些新技术成果运行的基础条件和新经济的核心资源，其重要性日益凸显，成为具有时代意义的新生产要素。包括我国在内的诸多国家都认识到了数据要素的重要性并予以战略性重视，我国甚至将数据要素市场化上升为国策。苏京春等（2019）的研究指出，以数据为代表的信息要素具有可共享、可复制、易流动等特点，无成本共享的数据属于典型的非竞争性要素。这个特性打破土地、资本等传统生产要素有限供给对经济增长推动作用的制约，产生资源配置优化、投入替代等作用，对推动经济增长具有倍增效应，因此是提高全要素生产率、实现经济从要素驱动到创新驱动的一大关键。

第二节 全要素生产率与"新质"学理内涵的第一阶段

20世纪40年代,哈罗德-多马模型(Harrod-Domar Model)[①]的提出,为经济增长研究提供了基本框架。该模型以劳动和资本作为促进增长的两种因素来探究经济增长,但由于需满足资本和劳动按固定比例投入生产且不能相互替代、单位资本产出不变(即不考虑技术进步)等假设,因此该模型尚不能解释经济实践中的一些综合效应现象。但以此模型为基础,经济学界开启了一系列对经济增长的研究。

(一)索洛余值:全要素生产率概念的起点

索洛-斯旺模型(Solow-Swan Model)[②]可说是新古典增

[①] Harrod, Roy F. An essay in Dynamic Theory [J]. Economic Journal,1939, 49(June):14–33. Domar, Evsey D. Capital expansion, Rate of Growth, and Employment [J]. Econometrica. 1946, 14(April):137–147.
注:哈罗德和多马同期在各自的论文中独立提出了基本相似的模型和主要结论,人们习惯将两个模型合称为哈罗德-多马模型。

[②] Solow, Robert M. A Contribution to the Theory of Economic Growth[J].Quarterly Journal of Economics.1956,70(February): 65–94 Swan, Trevor W. Economic Growth and Capital Accumulation[J]. Economic Record,1956, 32(November):334–361.
注:索洛、斯旺等人对哈罗德-多马模型进行了修改,发展为索洛-斯旺模型。

长理论的起点，该模型对哈罗德 – 多马模型进行一定的修正，设定了一系列假设：一是资本和劳动力要素的规模报酬不变；二是每种投入要素的报酬为正且递减；三是稻田条件，即资本（或劳动力）与其边际产品呈反向变动的关系。索洛 – 斯旺模型的基本微分方程如下：

$$\dot{k} = s \cdot f(k) - (n+\delta) \cdot k \quad (2.1)$$

其中，k 指人均资本，s 为储蓄率，n 为人口增长速度，δ 指资本折旧率。$s \cdot f(k)$ 是代表单位有效劳动的实际投资；$(n+\delta) \cdot k$ 代表人口增长和折旧消耗，即使 k 保持在现有水平所需的必要投资；$\dot{k}$ 是二者之差。该方程的内容可以用图 2.1 表示：

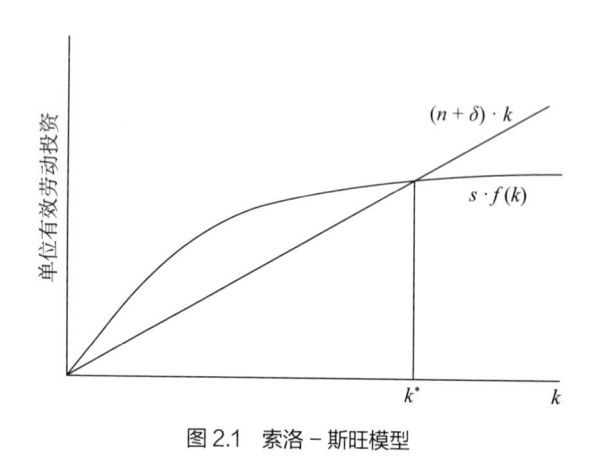

图 2.1　索洛 – 斯旺模型

由于稻田条件假设 $f(k)$ 的斜率会随着 k 的增加而渐趋于零，因此，$s \cdot f(k)$ 曲线与 $(n+\delta) \cdot k$ 曲线必定会相交于某一点 k^*。在这一点，$\dot{k}$ 为零，k 保持不变，各种数据都以不变速率

（也许为零）增长，这种状况被定义为"稳态"。稳态下，人均资本存量投资的正效应正好与折旧和人口增长的负效应相平衡。可以看出，索洛-斯旺模型框架下，在达到稳态之前，高储蓄率能够使得单位有效劳动的实际投资高于折旧和人口增长消耗，带来暂时的经济增长。但一旦达到稳态，这种增长便不能持续，即仅仅靠实物资本的积累并不能解释持续的经济增长。

为了能使索洛-斯旺模型进一步揭示长期经济增长的原因，20世纪50年代后期，新古典增长理论研究中将技术进步外生性引入索洛-斯旺模型，并假设技术项以不变速率 x 增长，得出以下方程：

$$\dot{\hat{k}}/\hat{k} = s \cdot f(\hat{k})/\hat{k} - (x+n+\delta) \quad (2.2)$$

其中，变量 $\hat{k}$ 为资本存量与有效劳动的比值。由上式可以看出，在带有技术进步的索洛-斯旺模型中，有效工人的人均资本增长率是曲线 $s \cdot f(\hat{k})/\hat{k}$ 和 $x+n+\delta$ 之差。由于技术以不变速率 x 增长，人均资本 k 的稳态增长率也等于 x，而物质资本 K、总产出 Y 和劳动力 L 则以 $x+n$ 之和的速率增长。通过将该模型进行分解，可得到人均资本的增长和一个余项，该余项即"索洛余值"或称"全要素生产率"。

将技术引入索洛-斯旺模型带来了生产函数的上升，且技术产生于人类思想，其增长没有上限，只要存在技术进步，生产函数就可以不断上移。因此，在新古典框架下，长期经济增长可以由技术进步解释，该模型中的全要素生产率也经常被视为技术进步的衡量指标。尽管如此，由于在该模型中技术进步这一经济增长的真正动能是外生的，因此运用这一模型我们还是无法知晓长期经济增长的根本动力在何处。

（二）拉姆齐模型对索洛-斯旺模型的发展

索洛-斯旺模型的局限之一是储蓄率具有外生性，这就导致该模型忽视了消费者对自身行为的优化和激励因素对经济行为的影响。拉姆齐（Ramsey，1928）首先对消费者行为进行描述并创立了拉姆齐模型（Ramsey Model）[1]，后经卡斯（Cass，1965）[2]和库普曼斯（Koopmans，1965）[3]的发展形成更为完善的拉姆齐增长模型，即拉姆齐-卡斯-库普曼斯模型（Ramsey-Cass-Koopmans Model）。在该模型中，储蓄率不再是一个常量，而是人均资本存量的一个函数，消费路径及储蓄率由完全竞争市场中的居民和企业共同决定。

拉姆齐模型将居民和企业的行为结合起来分析竞争市场的

---

[1] Ramsey, Frank. A Mathematical Theory of Saving[J]. Economic Journal,1928, 38 (December):543–559.

[2] Cass, David. Optimum Growth in an Aggregative Model of Capital Accumulation[J]. Review of Economic Studies, 1965,32(July):233–240.

[3] Koopmans, Tjalling C. On the concept of Optimal Economic Growth.1965, in the Econometric Approach to Development Planning, Amsterdam,North Holland.

均衡结构，从家庭效用最大化和厂商利润最大化之间的相互作用中，推导资本存量的变动，这样就通过微观主体跨期最优化的消费决策分析，将储蓄率内生化。该模型将宏微观主体相结合的分析方法，深刻地启发了后来的现代宏观经济研究。1965年，卡斯和库普曼斯沿用拉姆齐的分析方法，并吸收了现代最优控制理论的研究成果，对模型进行了一系列修改，包括对跨时效用分析采用指数贴现的方法，引入"代表性主体分析模式"，将动态最优模型实证化以及将拉姆齐模型与经济增长理论模型相结合等，形成了拉姆齐-卡斯-库普曼斯模型。其核心方程式如下：

$$\dot{\hat{k}} = f(\hat{k}) - \hat{c} - (x + n + \delta) \cdot \hat{k} \quad (2.3)$$

$$\dot{\hat{c}}/\hat{c} = 1/\theta \cdot [f'(\hat{k}) - \delta - \rho - \theta x] \quad (2.4)$$

其中，c 为人均消费，ρ 为时间偏好率，边际效用弹性则用 $-\theta$ 来表示。这两个方程式一起构成了关于 $\hat{c}$ 和 $\hat{k}$ 的方程组，并结合其设定的一系列初始条件与横截条件共同确定了 $\hat{c}$ 和 $\hat{k}$ 的时间路径。在采用索洛式的总量经济模型的基础上，模型假设消费者为了使自身未来无限期内的总效用最大化，就要采取动态的消费和储蓄决策，如此一来，特定时点上的最优储蓄率就可以由该时点上的最优消费、储蓄、资本存量和总产量共同决定。

模型对经济增长中消费与资本积累等要素的动态关系进行刻画，揭示了经济均衡增长中最优跨期消费行为的作用，为后期经济增长模型确立了一个以最优化行为分析资源配置比例的研究框架。但是，该模型框架下，稳态时的人均变量 k、c 和 y 以技术进步速率 x 增长，水平变量 K、C 和 Y 以速率 $x+n$ 增长，关于稳态增长率的结论与索洛-斯旺模型中的结论相同，即经济增长的驱动力并不依赖于储蓄率为常数的假定，技术进步仍然是经济增长的唯一源泉。因此，该模型对经济增长内在动因和全要素生产率的解释也还未有突破性的进展。

1965年，美国经济学家彼得-戴蒙德（Peter A. Diamond）建立了一个具有生产部门的世代交叠模型（Over Lapping Generation Models）[1]，探讨资本积累的黄金律及利率等问题。不同于拉姆齐-卡斯-库普曼斯模型假定了一个数量固定、永久性生存的家庭，该模型存在人口的新老交替，假定人的一生要经过青年期和老年期两个时期，不同时期的储蓄消费动机不一样，人们通过在两个时期进行消费替代以实现效应最大化。这种允许不同年龄、具有不同消费和储蓄特征的人同时并存的处理，大大扩展了拉姆齐模型的现实意义。

为了更好地解释资本存量和产出的缓慢收敛，避免关于消费和储蓄不切实际的预测，巴罗和萨拉-伊-马丁也对拉姆齐模型进行了某些方面的拓展：通过引入政府行为对经济的影响，发现对资本收入征税倾向于抑制资本投入，而政府购买则

---

[1] Diamond, Peter. National Debt in a Neoclassical Growth Model[J]. American Economic Review,1965, 55,5(December):1126–1150.

会对私人消费产生挤出效应，同时，引入国际借贷将拉姆齐模型扩展到开放经济体中，发现长期均衡将国家分为信贷能力受有效约束和不受约束的两类，前者资本和产出的收敛速度是有限的，而后者资本和产出的收敛速度依然无穷大，并认为只有通过引入人力资本方面的调整方能消除这一预测。[①]

以上这一系列的修改从不同方面完善了拉姆齐模型，世代交叠、政府开支、信贷市场、人力资本调整成本这些变量，蕴含着制度建设、公共服务等非竞争性要素的意义，其引入打破了主要以竞争性要素为支撑的生产函数分析框架，使得非竞争性要素对经济增长的影响得以体现，也拓宽了全要素生产率的内涵边界。

（三）"新质"学理第一阶段：全要素生产率是长期经济增长实现的原因

索洛-斯旺模型假设存在完全竞争市场，这是技术进步在该模型中成为外生变量的主要原因。对企业均衡价格演变的分析发现：如果技术是非排他性的，那么所有的生产者都可以无时滞地获取技术进步，投入要素最终会达到均衡价格并导致企业利润为零；如果技术具有排他性，那么具有领先技术的新

[①] 罗伯特·J.巴罗，哈维尔·萨拉伊马丁.经济增长[M].何晖，刘明兴，译.北京：中国社会科学出版社，2000.

古典企业将具有一定的垄断权，企业不再是市场中的完全竞争者，这与完全竞争假设相悖。即使不考虑这一点，当市场中的其他企业意识到垄断能够带来获利时，也会有付出一定成本获取先进技术的动力，当所有企业都将技术提高到同一水平时，要素利润再次降为零。由此看出，在完全竞争的假设下，企业最终无法从利润中收回其支付的固定成本，对技术改变的投资不被容许，也即技术进步具有外生性。因此，即使将不能被要素投入解释的部分归因于技术，但是对技术进步方式机械化的设定也使得该模型对全要素生产率的解释存在必然的局限性。

第三节　全要素生产率与"新质"学理内涵的第二阶段

如前所述,索洛-斯旺模型和拉姆齐-卡斯-库普曼斯模型下,稳态的人均增长率等于假定的外生技术进步增长率,这样我们可以揭示国民收入在短期内的增长。但是在各竞争性要素存在边际效率递减规律的前提下,我们依然无法理解经济增长和人均收入长期增长的根源。化解这一问题的根本在于消除资本收益递减倾向,AK 模型是最简单的不存在收益递减的生产函数,其基本表达式为:

$$Y = AK \quad (2.5)$$

其中,A 是技术进步因子,是一个影响技术水平的正常数。AK 模型通过从广义上解释资本,即将人力资本、知识、公共设施等均纳入资本范畴,消除了资本收益递减的长期倾向,为内生增长理论的发展奠定了基础。

(一)AK 模型开始揭示经济增长的深层根源

在 AK 模型中,改变技术进步因子 A 的任何因素都将影响长期人均增长。因此,对这些改变因素的探讨显得尤为重要。

阿罗（Arrow，1962）的"干中学"思想认为，生产实践过程中自然伴随着经验的积累和技术能力的提升，这些提升是物质资本投资衍生的副产品，且会立刻变成共同知识。[①] 这种技术增长用资本积累的增长可以指数化构建出一个数学模型：

$$Y = F(K, AL) \tag{2.6}$$

AL 是技术进步因子和劳动力总量的乘积，代表有效劳动。根据"干中学"理论，技术进步又可用如下方程式表达：

$$A = K^u \tag{2.7}$$

其中 u 是小于 1 的常数，衡量学习效果。该式表明技术进步是资本积累的函数，将物质资本生产过程中产生的技术水平提高引入模型，部分实现了技术进步要素的内生化。然而，按新古典增长理论推导出的阿罗模型的均衡增长条件为 $n/(1-u)$，那么均衡增长仍然由人口增长率和学习效果最终决定。

除了"干中学"模型中的非竞争性知识溢出能够消除资本收益递减倾向，在单部门公共模型中，政府的公共服务是 AK 形式的另一种可能的根源。前文提到，巴罗和萨拉-伊-马丁通过扩展拉姆齐模型，采用柯布-道格拉斯形式构建了生产函数[②]。其中，政府购买的产品和服务作为纯公共物品进入函数，

[①] Arrow K J. The Economic Implications of Learning by Doing[J]. Review of Economic Studies, 1962, 29(June)：155–173.

[②] Barro, Robert J. and Xavier Sala-i-Martin. Convergence across States and Regions[J]. Brookings Papers on Economic Activity, 1991,no.1,107–182.

进而企业的生产函数表达如下：

$$Y_i = AL_i^{1-\alpha} K_i^{\alpha} G_i^{1-\alpha} \qquad (2.8)$$

其中，G 代表政府购买的产品和服务，$0 < \alpha < 1$。该模型下，G 和 K 同时增加能够消除收益递减，同时 G 的增加将提升 K_i 和 L_i 的边际产出，因此，公共服务类似于"干中学"模型中的私人投入。由于公共服务具有明显的非竞争性，后来者可以无成本使用，因此在该模型中，L 的持续增长将带来人均增长率的提升。

以上对于广义资本的拓展均是从技术或知识的角度进行的。日本经济学家宇泽弘文（Uzawa，1961）则通过人力资本的引入提出了一个两部门（实物生产部门和知识生产部门）模型。卢卡斯（Lucas，1988）在其基础上对模型进行改进，假定每个生产者会将生产时间在实物生产和人力资本建设之间进行分配，建立了宇泽弘文－卢卡斯内生增长经济模型[①]，其基本函数形式如下：

$$Y = C + K + \delta K = AK^{\alpha} \cdot (uK)^{1-\alpha} \qquad (2.9)$$

$$H + \delta H = B \cdot (1-u) \cdot H \qquad (2.10)$$

其中，Y 是产出，H 代表人力资本，A、B 是技术参数，u 是物质生产中的人力资本的投入比例（人力资本生产中的人力资本投入比例为 $1-u$）。该模型将社会经济系统划分为消费品、实物生产部门和人力资本生产部门。产出水平由实物生产和生

---

① Lucas, Robert E. On the Mechanics of Economic Development [J]. Journal of Monetary Economics, 1988, 22,1(July) : 3–42.

产人力资本的教育部门实现的技术进步共同决定，由于人力资本生产的非竞争性，其他部门会在其溢出效应下实现收益递增。宇泽弘文-卢卡斯模型将由教育带来的那一部分技术进步的作用内生化，并把技术进步的表现形式归结为劳动生产率的提高，进而得出均衡经济增长率等于人均人力资本水平增长率的结论。这是对技术进步源泉的更深一步探索，让人们看到人力资本培育的作用。然而，模型对于技术进步结果呈现的解释却略显不足，事实上，技术进步还具有另外两种重要的表现形式——现有产品种类的增加和质量的提升。

（二）经济增长模型中加入技术创新要素

宇泽弘文-卢卡斯模型探讨的人力资本，其知识和技术是依托于人力资本本身而存在的，这种依附性导致其不同于技术进步创造的知识，不具备完全的非竞争性，这些专利技术一旦被用于某种活动就不能再作他用。而技术进步创造的思想和知识是可以在任意领域自由流通和共享的，是非竞争性要素。因此，技术进步理论与人力资本理论具有本质的差别。

在罗默（Romer，1987）提出的内生增长模型中，技术进步会带来产品种类的增加。[1] 若假定中间品可以用同一种实物

---

[1] Romer, Paul M. Growth Based on Increasing Returns Due to Specialization [J]. American Economic Review,1987, 77,2(May):56–62.

单位计量，根据罗默内生增长模型可以将企业 i 的生产函数写为：

$$Y_i = AL_i^{1-\alpha} \cdot \sum_{j=1}^{N}(X_{ij})^{\alpha} = AL_i^{1-\alpha}NX_i^{\alpha} = AL_i^{1-\alpha}\left(NX_i\right)^{\alpha}N^{1-\alpha} \quad （2.11）$$

其中，X_{ij} 是所购买的第 j 种专门的中间品，而 N 是中间品的种类数量，由该式可以看出，当 L_i 和 NX_i 的数量给定时，Y_i 将根据 N 递增。在 L_i 和 X_i 都给定的情况下，NX_i 的增加取决于 N 的增加，这种增加不会出现递减现象，这成为内生增长的一大条件。因为模型假设新种类的中间投入与已有种类不存在直接的相互作用，因此，从实践视角看，中间品种类增加的技术变革更像是一种全新的基础创新，类似于开创了一个全新的行业，但是新产品不会淘汰已有产品，对旧有产业不具有破坏性。这种创新能够带来垄断利润，激励人们将资源用于发现新的中间品，进而推动经济的内生增长。

然而熊彼特却认为，新产品的出现势必会带来一种"创造性破坏"，通过替代或者淘汰已有产品进而打破前人的垄断；而且领先企业由于具有效率优势和成本优势而趋于完成大部分研发，进而构成产品持续改善的基础。但也正是这种路径依赖的存在，使得其在颠覆性创新方面反而不存在内部成本优势。从现实经验来看，一般而言，熊彼特思想更为贴合实际。每一种新的商业模式或者新产品的出现，都或多或少会对其相关产业，甚至不相关产业产生一定的影响。例如网约车最初的出现可说是一种全新的商业模式，其对传统出租车业务的冲击是显而易见的。再如零售制健身行业的兴起，不仅对原有行业模式造成一定冲击，甚至还会对跨领域诸如餐饮、电影等其他占据人们业余时间的消费行业产生影响。即使达不到"创造性破坏"，行业之间相互的影响也几乎是不可避免的。产品多种多样，然而其本质都是围绕人的需求产生的，尤其是在当今全球化、互联网化的时代下，行业之间、产品之间边界的模糊使得竞争更为多元化，这种竞争带来的迭代压力自然成为一种经济增长的驱动力，促使经济在新旧交替的动态前进中寻找新的平衡。

（三）经济增长模型中加入技术扩散要素

沿着世界经济史的脉络观察，可以发现，创新几乎是每一次产业革命爆发的内在动力。新技术带来的垄断性利润使得技术发明国快速崛起并拥有强大的经济实力，正如造船技术和航海技术之于18世纪以前的荷兰，蒸汽机技术之于18世纪的英国，互联网和信息技术之于19世纪的美国。以股份制为代表的规范化的现代企业制度之于20世纪的日本，则更是将创新由技术进步拓展到了制度创新。出于对利润的追逐，其他国家会开始学习这种新技术，技术得以在不同经济体之间扩散。扩散使得技术的垄断利润下降，更新的技术出现，又被期望带来新一轮的垄断利润，经济便在创新与创新扩散交替进行之间得以发展。关于创新的模仿和吸收是如何在不同经济体之间实现的，巴罗和萨拉-伊-马丁构建了一系列模型来进行探究。[①]

对于领先国家来说，假设开发出来的中间产品的品种数量是 N_1，那么其生产的最终产品的数量为：

$$Y_1 = A_1 L_1^{1-\alpha} \cdot \sum_{j=1}^{N_1} (X_{1j})^{\alpha} \tag{2.12}$$

而对于追赶国家来说，其生产函数的形式与领先国家一样：

$$Y_2 = A_2 L_2^{1-\alpha} \cdot \sum_{j=1}^{N_2} (X_{2j})^{\alpha} \tag{2.13}$$

其中 A 可以用来解释技术水平以及税收、公共服务、产权保护等影响生产率的政府政策。A_1 和 A_2 的差别反映政府政策的不同，L_1 和 L_2 的差别反映经济体的规模差异。追赶型国家为了进行模仿和改造，需支付一次性支出，该支出的边际成本会随着模仿的逐渐增多而增加，追随者的增长速度也会因模仿成本的增加而降低。因此该模型最终会表现出一定的收敛特征，即领先国家和追赶型国家人均产出速度将越来越接近。由于假设追赶型国家的模仿成本低于领先国家的创新成本，而即使在稳态中，追赶型国家的人均产出也低于领先国家的值，所以模仿尚不足以根本改变其落后地位，如图 2.2 所示。

---

① Barro, Robert J. and Xavier Sala-i-Martin. Regional Growth and Migration: A Japan-United States Comparison [J]. Journal of the Japanese and International Economies, 1992, 6(December): 312–346.

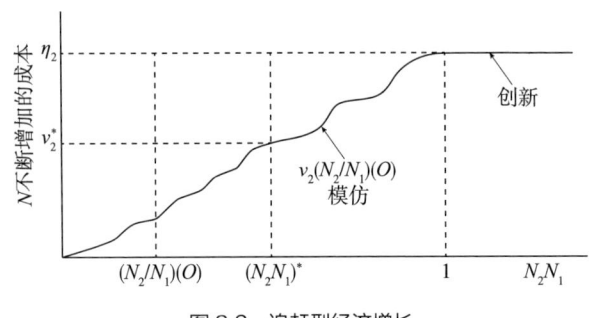

图 2.2 追赶型经济增长

资料来源：罗伯特·J.巴罗，夏威尔·萨拉-伊-马丁.经济增长[M].上海：格致出版社，上海三联书店，上海人民出版社，2010.

而如果由于追赶型国家的政策改善使得其创新能力优于原领先型国家，模仿成本最终大于领先国家的创新成本时，追赶型国家转入创新进而转变为领先者；而且因为一个国家的政策处于不断变化中，基本参数 A、L、η 也会随时间变化，进而导致领先地位的交替变化，这种变化与实践相符，也被称为"蛙跳模型"，如图 2.3 所示。

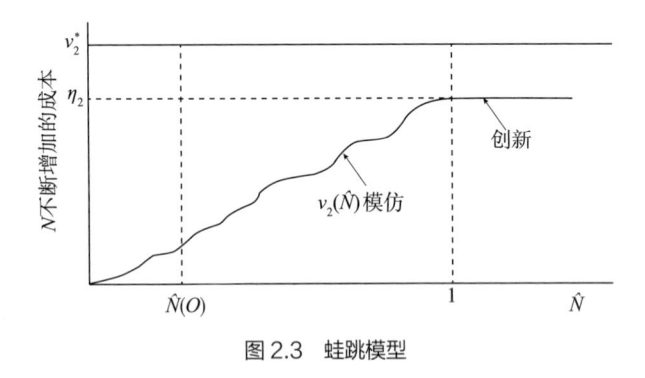

图 2.3 蛙跳模型

资料来源：罗伯特·J.巴罗，夏威尔·萨拉-伊-马丁.经济增长[M].上海：格致出版社，上海三联书店，上海人民出版社，2010.

(四)"新质"学理第二阶段:技术创新与扩散有效提升全要素生产率

将技术进步内生化是增长理论的一个突破性进展,完全竞争假设被打破,对经济增长的解释不再受限于边际报酬递减规律,技术进步率也不再被外生性地预先设定,而是可以通过教育投入、经验学习、人力资本建设等方法去改变,这就带来了边际生产力递增的无限空间。只要思想产出不停滞,全要素生产率的增长就具有可持续性,经济也具有可以实现长期增长的可能。同时,罗默对于决定技术进步的知识要素的讨论也取得了一定的进步,他认为知识既不同于普通竞争性产品,也不同于非竞争性且非排他性的公共物品,而是非竞争性但是具有一定排他性的特殊物品。对于知识创造者而言,通过对成果申请专利等方式限制其他人的使用,这种垄断性权力带来的激励是模型内生增长的关键所在。也就是说,一定的制度或市场机制设计是内生增长的必备条件。

第四节　全要素生产率与"新质"学理内涵的第三阶段

无论是巴罗和萨拉-伊-马丁对政府公共服务的思考，还是内生增长理论对于产权制度的思考，都揭示了制度要素对经济增长不可忽视的作用。但是这些模型对制度的探讨仍显不足，也未将其内生性引入模型。制度经济学和新兴古典学派，以及中国近年锐意推进理论创新的新供给经济学研究群体，突破了制度外生的设定，对这一要素进行了更为深入的探索和研究，进一步丰富了全要素生产率的内涵和意义。

（一）经济增长模型中纳入制度变迁要素

新制度经济学在对制度的研究上进行开拓，其代表人物诺斯指出，经济增长用 GDP 指标表示，但是 GDP 本身就是最终价值和劳务市场价值的总和，也即经济增长本身就体现为这些要素的变化。因此，用要素变化来解释经济增长是"用自身解释自身"的一种逻辑自洽，并不能解释经济增长的真正原因。新制度经济学认为，虽然技术进步会支撑经济增长，但如果要寻求建立可持续的长期增长机制，就还需要通过产权制度、法律制度、分配制度等一系列制度对技术进步的成果加以巩固。观察世界各国经济史可以发现，制度是经济发展的基石，对长期经济绩效具有重要影响。如美国、日本等国家20世纪的高速发展，多得益于技术创新和现代企业管理制度的变革。我国在十一届三中全会后的经济体制改革，促进了经济的繁荣和国民收入的提高，使我国在改革开放的历史进程中实现了生产效率的飞速提升。再以更近时期互联网行业在全球的发展格局来看，欧洲在市场足够自由、资本也相对雄厚的情况下，却落后于中国和美国，主要原因之一也是英国、法国、德国等老牌欧洲强国，在工会、企业联盟、社会团体等各种利益集团的裹挟下难以进行制度改革和新政策的大力度推行，而中美两国的政府力量足够强大到能够较为全方位地为企业提供发展所需的"公共产品"。由此可见制度要素对于经济增长的关键性和重要性，以及将其纳入增长模型的必要性。

在新制度经济学的理论框架下，制度主要通过影响资源配置方式和要素的技术效率，对经济增长产生作用。首先，资源配置方式因制度结构而异，在私有产权为主的社会中，资源配置主要是市场化的；在传统的公有产权为主的社会中，政府计划则是资源配置的主要方式，而在市场取向的改革中正在做出改变。资源配置方式的差异将决定交易费用和配置效率的差异，进而社会产出量和经济增长速率也将呈现不同结果。其次，不同分配制度下不同的激励机制，将会影响技术创新和知识积累的速率,以及劳动者提高技能的动力,从而影响社会总产出量和经济增长速率。最后,消除经济增长模式中的扭曲因素需要引入一定的制度规范进行调节。分散决策下存在一定的资源浪费,而诸如产权制度等制度安排能够发挥其规制、引导和政策调节作用,以使模仿和创新投资保持在一定的合理水平,防止过度投资,降低资源浪费。

总之,在决定一个国家经济增长和社会发展方面,产权制度、竞争规则、政治体制、法律体系、意识形态及有效率的经济组织等经济学界迄今所难以精准量化的因素,也是关键所在,因此,纳入制度要素的经济模型才显得更加完善和合理,而全要素生产率也应包含制度要素产生的综合效应。

(二)经济增长模型中纳入制度内生要素

新制度经济学强调了制度对经济增长的重要作用,受此影响,众多学者在经济增长的回归分析模型中引入了制度变量。以杨小凯为代表的新兴古典学派采用现代数学分析方法,将分工理论模型化,再次将制度要素引入主流经济学的研究视野。

杨小凯提出了一个交易成本和劳动分工相结合的动态一般均衡模型,并提出熟能生巧这一概念,分析了其与交易成本、分工演进及经济增长的关系。① 同时，该模型放弃了新古典模型的纯消费者与纯生产者分离的假设，假定生产率增长是专业化熟能生巧、交易成本和有多样化消费偏好的消费者与生产者交互作用的结果。该模型框架下得出的劳动分工演进公式为：

$$\frac{dn_t}{dt}=\frac{an_t^{3-2/a}k^{1/a}e^{(\frac{1}{n_t}-2)/a}}{[(2n_t+1)m-an_t(m-n_t)]} \quad (1<n_t<m) \quad (2.14)$$

其中，$1<n_t<m$，生产-消费者和商品的数量均为 m，n_t 是 t 时刻在市场上交易的商品种类，k 是表征交易效率的常数，a 是表征收益递增水平的参量，同时假定存在分工的边界约束 ($n_t|t=0=1$, $n_t|n_t=m=0$)。由该公式可得出：如果交易效率和收益递增水平非常小，则动态均衡在初始状态就体现出自给自足状态，分工程度极低；如果交易效率和收益递增水平足够大，则动态均衡在分工层面的表现就会呈现每个生产者生产一类商品的极端化局面；如果交易效率和收益递增水平处于大小极值之间，则分工程度会逐渐变化，直到 n_t 达到 m。② 专业化程度提高下的熟能生巧，不仅节约了交易费用，还提高了交易效率，由此生产力水平大大提高且交易次数增多，促进了商业化的发展。而商业化下的市场规模的扩大，又进一步促进分

---

① Xiaokai Yang. The Division of Labor, Investment and Capital [J]. Metroeconomica,1999,50(3):301–324.
② 李涛. 劳动分工与经济增长——杨小凯的增长模型评介[J]. 数量经济技术经济研究，1996（08）.

工演进。只要分工演进到一定水平且具备持续演进的可能,那么人均收入增长的上升过程就不会停止,从而长期经济增长可期。在新兴古典模型框架下,分工的深化会在三个方面得到体现:一是个人的专业化水平提高,二是不同专业产品种类增加,三是产业链条的延长。杨小凯认为,这种基于分工发展而后天不断创造出来的内生比较优势,才是加速知识积累和生产率内生进展的真正动力。

同时,新兴古典经济学还对企业制度演进做了重新思考。通过新古典经济学的边际分析方法,我们尚无法解释企业的出现及演化过程,而新兴古典经济学的超边际分析方法则可以解决这一问题。企业家是生产过程中的思想生产者,但是思想由于具有非竞争性,因而一般情况下无法对其进行定价。当劳动交易费用低于产品交易费用时,分工由企业制度组织进行,企业家需要与物质生产者进行分工协作,支付给工人薪酬后的剩余价值即企业家思想成果(智力劳动)的价格体现。概而言之,企业组织基于分工而存在并得以存续。

(三)"新质"学理第三阶段:制度变革有效提升全要素生产率

制度要素的内生性转变,意味着对经济增长的关注从总量转移到了结构,从实践视角来看,对应的是从要素投入的粗放式发展视角拓展到了重视资源配置结构的集约式发展思路,是一种生产过程内部自省式改进。从前文论述可以看出,无论是技术要素外生时的完全竞争假设,还是技术内生制度外生时对交易成本和分工的忽略,相较于制度内生模型而言,对于现实的解释和指导意义都有逊色。新古典增长理论对互利交易的存在性持否定态度使其预测的经济效率无法实现,制度经济学则认为零交易成本才是最为有效的经济结果,所以需要公共机构设计制度或交易规则,来创建一个低交易成本环境,以便在技术进步遇到瓶颈时还能继续促进经济增长,提高生产效率。而企业作为经济发展的主力推动者和实践者,其制度安排体现着宏观制度的具体落实。通过一系列规则设计,使各类劳动者处于规范运行的单元中,进而推动社会的有序发展及经济增长。如日本经济在 20 世纪 50—60 年代实现的高度增长期和 70 年代开始的"安定增长期",很大程度上得益于战后日本企业的内部治理制度,即所谓的三神器——"年功序列""终身雇佣"和"企业工会"。这些企业制度的建立促使被雇佣者终身忠于企业并提升劳动技能,尽可能地激发劳动者生产潜能,使日本企业获得了在国际市场上的竞争优势,经济实现高速发展。宏观制度与微观制度的有效配套,能从根本层面改变生产方式,达成社会利益和个人利益的提升,影响经济的长远发展走向。因此,全要素生产率理应内涵式地包含制度要素在内。

第五节　全要素生产率与"新质"学理内涵的数据要素观察

历史经验告诉我们，供给侧诸种生产要素组合形成的生产经营活动，是经济发展的根本所在，提高生产要素使用效率对经济增长具有极大推动作用。以我国为例，改革开放以来的一系列改革措施，包括家庭联产承包责任制、国企改革、加入世贸组织等，都大大解放了剩余劳动力的潜力空间，提高了土地等传统要素的生产使用率，促进了人口要素流动，并吸引外资和先进技术、管理经验和商业文明规则体系等的进入，带来了我国社会主义市场经济的繁荣发展。当前，站在历史发展的新节点上，我们更应当对本轮信息技术革命中的主导要素予以重视，最大限度地激发要素活力，抓住发展机遇争取占据国际竞争的主动优势。事实上，在新技术革命发展进程中，我国一直高度重视紧跟世界前沿，对于未来趋势的研判也颇具前瞻性和战略眼光。2019年，中共中央十九届四中全会首次增列"数据"作为生产要素，对数据要素做出了重大的理论价值判断。数据成为新生产要素，体现了生产要素形态伴随社会经济发展而变化的特征，是经济学理论与实践的重要里程碑，具有鲜明的划时代意义。

（一）数据要素的独立性分析

数字革命发展至今，数字技术已经以前所未有的广度和深度渗透至人类生活的方方面面，大规模应用于生产、交换、分配和消费等各个环节。全球数据呈现爆发增长、海量集聚的特点，数据对经济发展的影响非常明显，并呈现出典型的内生性要素特点。数据是一个可以投入的要素，本身就具有一定的科技型生产力，在苏京春、许静（2019）的研究中提到，以数据为代表的信息要素已成为生产活动的必要支撑，并可以不依托其他要素独立进入生产过程。一方面，通信技术的飞速发展使得每个人都成为数据生产者，数据充斥在生产活动的各个环节，失去数据支撑的生产活动在当代的发展模式中将变得举步维艰，不进则退，甚而被淘汰；另一方面，数据经过收集、标识、清洗、挖掘等处理之后，可以实现标准化的产品供应，在市场上进行有价交易，并参与到生产过程中带来产出。同时，从生产组织形式来看，作为微观经济主体的企业逐渐都开始设立数据部门，将数据生产活动分离出来，这是将数据的外部性进行内部化的一种手段，意味着其已经能够独立地为企业创造利润，实现数据经济的产业化。因此，数据要素无疑具备典型生产要素的重要属性。同时，尽管现在出现关于数据垄断的担忧，但是在未来使用权大于所有权的发展趋势下，只要配套合适的产权激励机制，垄断性地拥有数据也并不影响共享性地使用数据，因此共享信息无疑还是具有独立非竞争性要素的一面。①

（二）数据要素与其他非竞争性要素的相互作用

除了具有独立性之外，数据要素还满足内生性要素的另外一个特征，就是与其他要素具有内生关联性，并可以相互影响，相互决定。数据要素可以对其他要素实现数字化赋能，对其使用效率产生倍增效应。而反过来数据要素市场的培育，需要一系列组合制度来提供适宜的土壤，建立竞争有序的数据流通环境、产权保护机制等。同时，数据是诸如5G、云平台、物联网、人工智能等新兴信息技术的底层支撑，基于数据的充分挖掘和有效利用方能发现物理空间的运行规律，提高创新设计能力，实现技术落地；技术创新则可以促进数字化管理能力的大幅提升。此外，数据要素的内生性还体现在其对收入分配的影响上，收入分配改变会影响社会结构，打破阶层壁垒，带来不同于以往的生产、消费方式，推动诸多领域重大而深刻的变革，对经济发展、社会形态和国家治理产生内在的深远影响，推动经济周期的演进。概而言之，数据要素本身具有可投入性和升级改造空间，具有传统竞争性要素不具备的可复制性

---

① 苏京春，许静.论经济增长中的非竞争性要素[J].财政科学，2019（3）.

和重复使用性，可同时与其他要素相互影响，相互决定，促进经济生产活动效率提升，这就使得其具备内生性的、影响经济增长的巨大能动性（如图 2.4）。

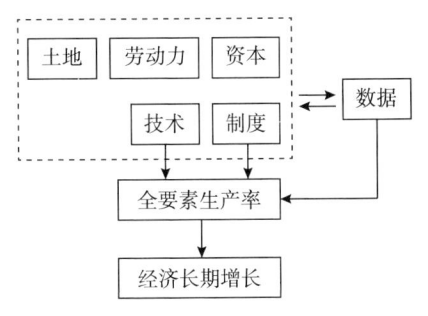

```
┌─────────────────────────┐
│  土地   劳动力   资本    │
│                         │ ←→  数据
│     技术    制度         │
└─────────────────────────┘
            ↓
       全要素生产率  ←
            ↓
       经济长期增长
```

图 2.4　数据要素对经济增长的作用路径

注：此图系作者绘制。

（三）数据要素内生性路径探析

非竞争性要素在模型中的逐渐内生化揭示了增长理论对经济达到均衡状态条件的认识进步。由于认识到技术及制度等要素并非一个给定的确定性数值，而是一个由模型系统内部决定并可以对模型系统产生影响的函数，经济增长不再仅仅由物质资本投入决定，对经济增长的分析也从静态均衡发展到动态均衡。当高储蓄率和人口增长率带来的资本投入增加达到一定状态，其持续的投入不再能维持经济可持续增长时，技术进步、制度改进等方式可以通过改进生产方式、催生新兴产业等为经济注入新活力，提高人均资本的产出，而同时，劳动力、资本等传统竞争性要素还能经由学习、教育等过程带来技术、制度的进一步改进提升，以此实现要素内部的相互影响与总体改进，打破经济增长的停滞。很明显，数据要素也具备上述这种能力，人口增长、资本投入、技术进步、制度优化都可以带来数据要素量的增加和质的提升，而数据要素又可以通过赋能传统产业、激发新兴产业、加快新旧产业融合创新等路径，扩大经济增长边界。因此，在促进经济新平衡达成中，数据要素发挥着不可忽视的巨大作用。基于对制度的宏微观全面理解，发挥数据要素的内生性作用，也必然需要政府和企业的通力合作。政府要完成数据治理层面基本框架的搭建，提供制度保障和政策引导，而企业作为应用和创新实践的主要力量，更是发挥数据价值的关键所在。当前，总体而言，数据应用还处于摸索期，管理当局意识到数据的价值而不能开放数据大力发展，主要原因是横亘在其中的一些问题尚未有清晰的解决思路，如数据的生产者和消费者难以界定，导致数据所有权界定困难；数据所有权难以准确界定，一定程度上限制着其市场化流转；无法市场化流转，就无法实现市场化定价，对于数据投入使用和流通就造成阻碍。此外，数据安全也是导致数据迟迟无法实现开放的重要原因之一。数据安全不仅仅是个人用户数据隐私问题，还包括对数据外流等国家安全层面的担忧，这是一个非常值得重视且需要解决的问题。

当然，任何新兴产业的发展都是在摸索中前行，在解决问题中逐渐成熟。数据开放的能力是一个需要综合考虑数据专业技术、硬件基础设施、软件发展水平、产权制度、交易市场、数据安全等多重问题的系统性工程性质的议题。最大化数据价值，核心的问题就是要让市场主体（企业）和政产学研结合的研发团队发挥作用。只有企业与研发团队打开思维创造力空间，挖掘出创新应用数据的方法和真实利用场景，才能消除数据开放的顾虑因素，进一步实现数据开放和价值探索。从要素内生性的角度看，制度、共享技术等其他非竞争性要素的完善，成为打开数据要素发展空间的重要保障。需完善个人信息保护和数据安全方面的法律法规，逐步形成严密的数据安全和隐私保护的安全法律网络；企业与机构设置专门的风险防范机制保护数据安全，定期邀约第三方技术机构对内部数据库进行维护等。只有在要素相互配合之下，才能在数据安全、隐私保护和数字经济发展之间取得平衡，实现要素市场化与强监管的有力搭配，并用集成的方法来管理复杂的权衡关系。

在数字经济时代，竞争中更显现出不进则退的特点，要加快数据要素的市场化应用和资源价值挖掘，方能在全球展开的"数实融合"，即数字经济产业化、产业经济数字化的国际竞争中占据领先优势，获取新一轮经济发展的核心竞争力。

第六节　全要素生产率变迁与新质生产力

经济增长理论发展至今，每个阶段的突破都与当时所处的时代背景相契合地与时俱进。全要素生产率的提出，始于经济增长中出现无法被数理模型规范解释的部分，共享技术外溢性等非竞争性要素的特性，使得这一部分更具无限的想象空间。当竞争性要素投入出现支持乏力时，非竞争性要素则能够打破边际报酬递减的框架限制，将增长边界从有限拓展为无限，甚至当技术进步处于一个周期当中的非繁荣时期时，其他制度性非竞争性要素也能够通过别的方式继续推动经济实现增长。包含技术和制度在内的"旧全要素生产率"对世界范围内许多国家的经济发展具有较强的解释力。

技术和制度要素对提升全要素生产率的重要性已经被人类社会的经济实践所验证，"新全要素生产率"的提法是将数据要素纳入其中。这是对"旧全要素生产率"的丰富和完善，也是对信息技术革命新阶段呈现出的新特征的理论创新与呼应。数据可以从多方面提升全要素生产率，如可以提高经济社会各领域资源配置能力，降低经济社会运行损耗和交易成本；可以促进社会精细治理，疏通政策传导机制，解决收入分配、金融风险防范等领域的诸多问题；可以促进业态创新，催生新兴产业，推动产业转型升级和经济新动能的培育。因此，将其纳入全要素生产率体系符合经济发展新阶段的应然之意。

1988年，邓小平提出了"科学技术是第一生产力"的著名论断，这一提法既是对马克思主义生产力理论和科学观的生动阐释，也是基于全球经济发展历史的深度思考和高度总结，揭示了科学技术在现代社会中的重要作用，为我国社会主义市场经济中的科学技术发展与"科教兴国"基本国策给出了理论依据，指明了方向。时隔二十年，伴随着全球经济发展趋势的变化和我国由高速发展转入高质量发展，习近平总书记又指出，"科学技术是第一生产力，创新是引领发展的第一动力"，体现了对新一轮技术革命形势变化的清醒认识和国际竞争格局的准确把握。当前，全球经济普遍经历广泛的增长放缓，发达国家的结构性问题渐次暴露，经济复苏缓慢且效果不够显著，一些发展中国家和新兴经济体在近年也出现经济增速下滑。世界经济面临诸多挑战和危机，亟须新的技术突破开启新一轮经济周期。我们已经看到了新要素很有可能的作用区域，"新基建"在政策层面的提出也是数字经济、信息经济发展的大势所趋。伴随着新型基础设施建设的全面铺设，数据将迎来更有效的处理和爆发式增长，成为5G、6G、物联网、人工智能、智慧城市、大模型、人机互联等高速发展的重要保障和战略基础资源。新旧全要素的相互渗透和互为载体使得要素优化组合成为更好的升级版，数据要素辅以技术要素和制度要素，可以更好地有效解决很多的现实问题，打开经济发展新空间。因此，我们必须积极破除尚存的诸多限制和制约数据有序流动的体制机制障碍，更广泛深入地探索数据要素参与生产活动的方式，以充分释放数据红利，实现全要素生产率水平的新跃升。

第三章 新质生产力与科学技术创新

第一节　从半导体概念到"硅谷的故事"

从工业革命和资本主义时代开始，我们已经历了可具体划分的三次产业革命。每一次产业革命后，世界经济格局都会产生重要变化。回溯18世纪的大不列颠，也是现代工业体系的孕育地，第一次产业革命在此发生，也被广为人知地称为工业革命。以蒸汽机的发明为契机，以机械化大生产为标志，这场革命以纺织业为起点，一路推动相关产业链条上如冶金工业、煤炭工业、运输业（主要是铁路和海运）及制造业的全面发展。随着时间推移，至19世纪中期，英国利用机械化大生产带动的效应，一跃成为世界公认的"世界工厂"，并伴随殖民主义模式的扩张成为"日不落国"。此阶段，机械化大生产显著提升了生产效率，并且对人们的生活方式以及城市的生态布局也带来了实质性变革。

自19世纪60—70年代开始，第二次产业革命爆发。以美国为中心，全球迈入了以电为核心能源的新时代，印刻着电气革命的时代烙印。在这一时期内，以重化工业为中心，一系列产业如房地产、汽车制造、钢铁工业、化学工业等紧随其后，得以迅速发展。有了这样一层内在的动力支撑，美国在20世纪初进入了经济发展的"黄金时代"，并持续引领全球经济的快速发展。

距离我们最近的第三次产业革命，也被称为信息技术革命，依旧以美国为主导，在20世纪50年代之后以著名的硅谷为中心，全面爆发。应当说，第三次产业革命离不开第二次产业革命的积累，至20世纪初，美国进入经济发展的"黄金时代"，因此能够乘势而上，进一步主导了20世纪50年代之后的第三次产业革命，即信息技术革命，以最前沿的原子能技术和电子计算机与互联网技术，稳固成就全球经济头号强国地位。在这一时期，原子能技术、电子计算机以及互联网技术大规模应用，诞生了全新产业领域，更进一步确立了美国全球经济霸主的影响力和辐射力。在相同时段内的发展过程中，德国、法国、日本等国家也纷纷崛起，技术水平的提高不断提升全要素生产率，从而帮助这些经济体实现了经济长期增长，并以它们自身的技术优势，摆脱了"二战"后的阴影，重新在全球舞台上脱颖而出，实现了经济的快速发展与繁荣。

纵观三次产业革命的进程、复盘历史的长河，我们能够清晰地洞察到：每一次产业革命的核心驱动力都是由科学技术的创新所催化,并通过此,世界得以见证科技作为关键要素对新质生产力的无可争议的贡献。从18世纪的第一次工业革命到20世纪的第三次工业革命,科技创新使生产力跃升,一直都是推动社会经济变革的最主要力量,始终在当中扮演着关键角色。每一次产业革命,不仅带来生产效率的大幅提升,同时也从供给侧带来所提供的商品和服务的质的飞跃,明显地带有供给引领需求的特征。

同时,从三次产业革命兴起的时间上来看,我们不难发现其更迭在不断加速,从工业革命爆发到电气革命爆发,其间经历了约120年,而从电气革命爆发到信息技术革命爆发,其间仅经历了约80年。在科技进步和产业变迁的大背景下,每一次产业革命的出现都带来强烈的"紧迫压力",同时也刺激着技术战略储备的生成和提升。

首先,产业革命的加速更迭确实带来了巨大的"紧迫压力"。例如,工业革命的爆发使得工业化成为经济发展的主流,给还未适应工业化模式的社会与经济带来巨大的压力。然而,这种压力并不全然是坏事。在一定程度上,正是这种"紧迫压力"推动了后发经济体面对短期的困难,寻求新的发展方式和路径,追赶先行经济体、进取研发并力求超越,从而成功适应并利用新的科技力量。

其次,产业革命的"更迭压力"也同时刺激了技术战略储备的生成。在新技术和新工艺带来的巨大变革面前,人们需前瞻性地准备好充足的技术储备，让自己在日新月异的变化面前争取主动。这种技术战略储备未必只是具备新的技术和知识，更重要的是拥有面对新科技、新产业挑战的应变、学习和创新能力。这将在保证人们适应产业变革的同时，也能在其中找到新的发展机会。

总的来说，产业革命的压力虽会带来挑战和困难，却也是我们不断进步的动力。同时，技术战略储备的生成是在这种压力中孕育而生的强大武器，它给予我们面对变革的勇气和智慧。只有在承受压力和产生储备的双重作用下，我们才能在不断的变革中找到自己的发展之路，实现经济的快速成长。

对于中国这样的发展中国家，在上述的大背景下，我们更应以冷静而理性的目光看待所谓的"后发优势"。历史已经反复证明，产业革命的更迭，正是后发经济体对于赶超发达国家的重大发展契机。当我们目睹产业革命从第一次到第三次的持续加速，以及生态环保、低碳新能源等绿色产业的快速崛起，我们不禁要思考，在有了"硅谷的故事"之后，也许下一次产业革命的爆发，就在我们眼前。

这时，我们必须在这个阶段通过科技创新与产业协作实现新质生产力支持经济增长，以更大的决心和更强的动力来发动和实现新一轮的发展赶超，从而达到国家的现代化崛起目标。要清醒地看到，产业革命的更迭正在不断加速，我们必须抓住所有可能出现的机遇，以便在下一轮的产业革命中立于不败之地。

第二节 "互联网+"创新的风起云涌及中国改革开放新时期的急起直追

回顾中国在20世纪70年代末开始的改革开放历程，中国的高速经济增长与科技创新的追赶为全球瞩目。在此过程中，中国体现出了对资源禀赋的创造性利用、科技领军人才和创新型团队持续涌现、企业科技创新主体地位不断加强这三大特征。

一是对自身禀赋资源的创造性利用。中国在改革开放新时期依托自身资源禀赋，实现了工业化快速发展。通过对2010—2024年的数据分析，可明显看出中国的资源利用率从56%提升到了82%，这是基于国情的学习与创新性的运用，并非生搬硬套的模仿。

二是科技领军人才和创新型团队持续涌现。中国的科技发展和创新不能离开领军人才和团队的支持。从有关方面提供的中国近15年的科研团队数据来看，领军人才团队从2010年的312个增长到了2024年的2 318个，显示了我国对科研人才的高度重视和科研团队的快速发展。中国不断加大科研投入，培养和引进科技领军人才，催生了一批在全球范围内有影响力的创新型团队。据SCI数据库数据，我国的科研出版物在

2000—2023年增长了3倍，其中在全球最权威的科研期刊上一等论文的数量从2000年的2 000篇增长到2023年的20 000篇以上。

三是企业科技创新主体地位不断强化。企业作为创新的主体，在中国经济发展中扮演至关重要的角色。据统计，中国在科技研发投入方面的企业投入占比已从2010年的39%提升到了2024年的77%，证明了我国科技创新主体地位的显著强化。而统计年鉴数据显示，2011—2023年，我国企业的研发投入占GDP的比重从1%增长到2.5%，企业科研投入累计增长300%以上，如图3.1所示。

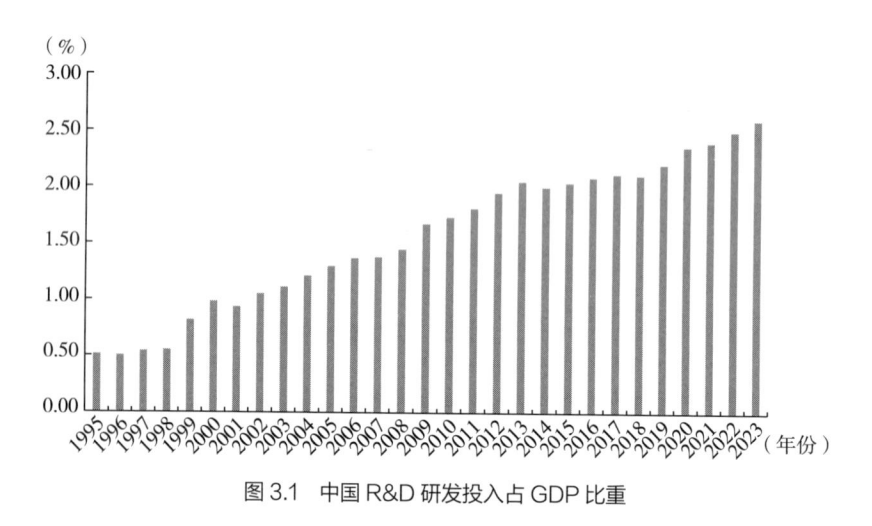

图3.1　中国R&D研发投入占GDP比重

这段发展史可以揭示我国经济与科技发展的核心要领：政策驱动、开放合作、重点突破与集成创新。

首先，政策驱动在中国经济增长与科技创新中发挥至关重要的作用。自改革开放以来,一系列富有前瞻性的政策如科技发展计划、高新技术产业发展计划等,确立了国家发展的战略方向。在这些政策驱动之下,国家不仅提供了科研资金的支持,更为科技企业和研究机构的成长创造了良好的环境。

其次,开放合作作为中国经济与科技快速发展的另一动力,在引进先进的技术与管理经验的同时,也使中国成为全球价值链中不可或缺的一环。通过加入世贸组织,举办多层次、多方面的国际交流活动等方式,中国加速与外部世界的科技交流与合作,促进了自身科技水平的提升。

再次,重点突破是中国科技创新中的一项核心经验。针对半导体、人工智能、生物科技等关键领域和前沿技术,国家通过设立国家实验室、重点研发计划等,鼓励政产学研企的结合,来集中力量攻关,实现了在多个领域的突破性进展。

最后,集成创新是我国科技进步的重要方式。通过跨学科、跨领域的整合,中国在新能源、高速铁路、移动支付等多个领域取得了领先世界的成就。这种集成创新不仅体现在技术层面,还体现在制度与管理创新上,为"中国奇迹"贡献了独特的经验。

总的来说,在中国经济增长与科技创新中,依靠明确的政策导向、积极的国际合作、聚焦的重点突破和创新的集成能力,不仅为中国的发展提供了持续的动力,也为其他发展中国家提供了可借鉴的经验。当然,同时我们必须看到,中国已成长为"世界工厂"的当下，仍然还有"大而不强"的显著特征，在科技创新前沿上，我们所占领的高地还屈指可数，总体的奋起直追势在必行，而且任重道远，要依靠不懈的艰苦奋斗。

在全球科技飞速演进的大背景下，新兴产业和未来产业正在塑造未来。它们预示科技发展趋势，更是引领全球经济发展的重要力量。面向未来，我国正在重点发展战略新兴产业、布局未来产业。在此，简要地探讨至少应举出的八大新兴产业和九大未来产业。

首先，八大新兴产业包括：新一代信息技术、新能源、新材料、高端装备、新能源汽车、绿色环保、民用航空、船舶与海洋工程装备。经过深度挖掘后，可发现这些产业正在成为推动我国经济社会发展的重要力量。经过近些年的努力，这些战略性新兴产业也在不断地扩展和丰富，新的细分行业领域诸如低空经济、区块链等已经跻身其中。这些产业的共同点在于，它们均基于技术创新推动产业的超常发展。例如，新一代信息技术如大数据、人工智能等，正在为社会带来深刻变革；新能源如太阳能、风能，正在改变能源结构，并引领绿色革命；新材料和高端装备的应用，则已然开启了工业制造领域的新篇章。市场研究预计，到2025年，全球高端装备制造市场规模将增长到9.2万亿美元；新材料如纳米材料、生物可降解材料等，在汽车、电子、环保等各个领域都有广泛应用。机构预测还显示2025年全球数字经济市值将达88万亿美元；2027年全球新材料市场规模将达到5 000亿美元。

其次，九大未来产业包括：元宇宙、脑机接口、量子信息、人形机器人、生成式人工智能、生物制造、未来显示、未来网络、新型储能等。这些产业代表了技术发展的最前沿，正在极大地拓展人类对于未来可能的想象。例如，量子信息技术的发展正在引发通信领域的颠覆性革新，预计到2030年，全球量子通信市场规模有望超过250亿美元而初具规模。人形机器人的广泛应用，正在快速改变生活和工作方式。再如，新型储能技术，如固态电池等，正在应对新能源汽车等领域所面临的能源供应难题。据市场研究机构IDC的预测，2025年全球人工智能市场将达到3 000亿美元。业内专家预测，全球生物科技市场规模在未来几年将会达到12 000亿美元。

显然，这些新兴产业和未来产业正在成为全球经济发展的动力源，新质生产力在其中起着关键的推动作用。它们代表着产业发展的新方向，也展示出人类科技进步的无限可能性。在令人振奋的同时，我们也深感挑战明显，责任重大，不仅要在科技创新上持续发力，也要在产业发展过程中注意其对环境和社会的影响，实现科技、经济与社会的和谐发展。

第三节　科技创新为新质生产力形成核心驱动

随着对社会发展规律认识的加深，党中央已明确表述了创新发展和协调发展、绿色发展、开放发展、共享发展合成的新发展理念，科技创新作为"第一生产力"，也已经明确地被纳入引领并推动经济社会发展的"第一动力"。它对生产主体、生产工具（生产资料）、生产对象至生产方式以乘数放大效应的赋能，起到关键的引领和推动作用，在很大程度上决定着一个国家或地区的竞争优势和发展活力。

首先，科技创新在生产主体这个环节上发挥着不可替代的作用。当代社会很多科技创新正是由企业、研发机构等生产主体推动的。它们基于科研人员的智力成果，创造并实验新的理念与技术，最终推动整个社会生产力的发展。像硅谷一样的创新高地，就是生产与研发主体在科技创新中发挥作用的典型例证。

其次，科技创新能够促使生产工具（生产资料）的更新换代。例如，人工智能、云计算、数字化设备等先进技术成果的应用，使得从前的传统生产工具逐步被高效、智能的设备与工具替代，极大提升了生产力。

再次，生产对象也在科技创新的引导下发生变化。新技术的出现，使得原本无法纳入加工对象和无法生产的物件成为可能。比如生物技术的发展开启了基因编辑等领域的新纪元，这在过去是无法想象的。科技创新拓宽了生产概念的边界，进一步提升了社会的生产力。

最后，生产方式在科技创新的推动下不断变革。数字化、智能化的生产方式已经成为新的社会化大生产趋势，很多传统的生产方式正在被新的高科技、绿色低碳的生产方式替代。这不仅大幅提升了生产效率，也很大程度上减少了资源浪费和优化了生态保护。

总的来说，科技创新促使生产要素优化升级，促进生产力的质的飞跃，进而带动了整个社会生产方式的重大变革。贯穿研发、生产效率和产品与服务质量、用户体验，科技创新日益展现其在提升生产力上的关键性作用。

（一）研发：科技创新延伸生产能力边界

在全球新经济日新月异的发展中，科技创新正在证明其在推动产业进步、延伸生产能力边界方面的至关重要性。

首先，科技创新极大地提升了生产效率。例如，自动化生产线的应用使得产品的生产过程不再依赖大量人力，大大减少了时间和成本投入而提升了生产效率。按照国际劳工组织评估报告，在过去的 20 年中，全球生产效率的提升大约有一半应归功于科技创新的贡献。

其次，生产工具（生产资料）在科技创新推动下发生了翻天覆地的变化。特别是信息技术、人工智能、新材料等领域的突破，为生产提供了前所未有的可能性。以3D打印技术为例，这种创新技术突破了传统的生产模式，使得产品设计和制造过程得以整合，减小了制造复杂产品的难度。根据帕特森研究所的报告，3D打印技术的普及将使全球制造业的生产力在未来20年内增长30%。

最后，科技创新推动新产业和新产品的出现。随着科技创新能更好地满足消费者需求的多样化和个性化，产品从单一化、标准化向定制化、智能化转变。互联网技术的发展推动了电子商务等新产业的兴起，为全球经济发展带来新的增长点。

未来，随着新一轮技术革命和产业变革，科技创新将进一步打破和延伸生产能力的边界，引领全球经济实现更高质量的发展。Digital R&D Spending 数据显示，全球在研发上的支出从2010年的1.5万亿美元增长到了2024年的预计3.2万亿美元。① 此增长主要被技术进步和创新所驱动，并以此创建更有效的生产方法以推动生产力的进步。

---

① Digital R&D Spending Data, 2024 [2024-03-02]. www.rockwellautomation.com.

（二）效率：科技创新提升生产效率

在当前这个激动人心的科技变革时代，在生产效率提升的实现过程中，科技创新的重要性不言而喻，正是它创造新的工具、新的方法和新的理念，为推动生产效率提升提供了无比强大的动力。

首先，科技创新通过改进生产工具，优化生产流程，大大降低生产成本，节约时间，赋能整个制造业，使生产效率提升。

其次，科技创新还催生新的管理理念和模式。例如，智能化的供应链管理系统可以实现对生产流程的全程监控，精准地预测需求，使生产计划更加合理和科学。

最后，科技创新通过创新研发推动新产品的开发，许多科研成果以惊人的速度转化为实际产品，使得企业得以快速响应和引领市场变化，迅速推出新产品以满足消费者不断升级的需求。

总体来看，科技创新以其非凡的能量释放出巨大的潜力。2023年的数据显示，智能制造企业在生产力上有20%的提升，[①]这主要归功于科技创新，比如机器学习、人工智能和自动化，这些都能减少制造过程中的成本与浪费而提高生产效率。

---

① Smart Manufacturing Report, 2023 [2023–10–15]. www.datareportal.com.

（三）品质：科技创新提高生产质量

在全球经济发展的竞争中，生产质量的提升已成为各行各业追求的目标。科技创新在这一过程中扮演的角色，极大地提升了产品和服务的质量。

首先，科技创新通过引入先进的生产技术和设备，直接提高了生产过程的精准度和效率。例如，精密制造技术满足了高端制造业对零部件精度的极高要求，智能化生产线减少了人为操作的误差，确保产品质量的一致性和可靠性。一项由Quality Progress进行的研究发现，只要产品设计阶段采用3D打印技术，制造质量就可以提升17%。[1] 这种技术创新为提升产品质量和持续改良提供了前所未有的可能性。

其次，科技创新在产品设计阶段就发挥作用。利用计算机辅助设计（CAD）和工程（CAE）软件，设计人员能够在产品制造之前进行多轮模拟和测试，从而优化产品设计，提高产品性能和安全性。这种创新不仅缩短了产品开发周期，还大大提高了最终产品质量。

再次，科技创新还推动了质量控制技术的发展。通过采用先进的检测设备和质量管理系统，如自动化视觉检测系统和实时监控系统，企业可以在生产过程中及时发现并纠正缺陷，确

---

[1] Quality Progress Study, 2023 [2024-01-20]. www.ASQ.org.

保产品质量达到高标准。大数据和人工智能技术的应用也使得质量控制更加智能化,通过分析历史数据预测和防范潜在的质量问题。

最后,科技创新促进绿色生产和可持续发展。通过采用环保材料和清洁能源,以及优化生产流程减少废物排放,企业不仅提升了产品的环保性能,也提高了社会对其品牌的认可度和好感。

综上所述,科技创新不仅使生产过程更加精准高效,还优化了产品设计,提高了质量控制水平,同时促进了绿色生产和可持续发展。在未来,随着科技创新,生产质量的提升将更加显著,将能为消费者带来更多更好的产品和服务。

第四节　第四次工业革命的曙光：从"工业 4.0"到生成式人工智能

人类正在迎接第四次产业革命的到来，工业生产的全过程，包括设计、工艺和制造，都将经历深刻的变革。这场变革的核心推动力来自人工智能（AI）的生成式设计、数字孪生技术的优化工艺，以及由智能制造、柔性生产、3D 打印等先进技术带动的制造能力提升。在此次工业革命的推进中，"设计—工艺—制造"三个环节发挥着核心作用。

在设计环节，AI 的生成式设计正在重塑创新过程。生成式设计是一种基于给定参数和目标（如材料类型、生产成本、可持续性等）的设计方法，使用算法来产生设计方案。传统的设计过程受限于人类设计师的经验和想象，而 AI 能够在海量的设计参数中迅速探索并找出最优设计方案，这些方案往往超出了设计师的思维范畴。AI 通过搜索大量的设计空间，自动生成满足特定约束条件下的优化设计方案，不仅显著提高设计效率，还能找出人类设计师难以想象的创新方案。台湾大学的一项研究表明，使用生成式设计的公司可以缩短 20% 的产品开发周期，同时增加25%的设计效率。① 这提高了设计的创新性和有效性，为后续的工艺和制造打下坚实的基础。

在工艺环节，数字孪生技术的应用可为产品开发的每一个阶段提供高度准确的模拟环境。数字孪生是一种将物理对象与其数字表示链接在一起的技术，使得在设计过程、制造过程乃至产品生命周期管理中的决策过程更为科学和精准。例如，德国西门子公司在涡轮机制造工艺中运用数字孪生技术，可以模拟产品操作过程，大大减少试验次数和降低试验风险。② 通过创建实体的虚拟副本，工程师可以在虚拟环境中对生产工艺进行模拟和优化，不仅大幅提高了工艺的准确性和效率，还降低了实际操作的风险和成本。数字孪生的应用可确保工艺设计的最优化，为制造阶段的顺利进行提供保障。制造业企业可以利用数字孪生科技在虚拟环境中测试各种工艺方案，包括生产流程的优化、设备的性能改进等，所有改动都不会影响到实际生产，帮助企业在实施之前就能查找并解决问题，从而极大地提高工艺设计的效率和精度。

在制造环节，智能制造、柔性生产、3D打印等前沿技术正在变革生产方式。智能制造使得生产过程更加自动化、智能化和高效化；柔性生产赋予了生产线以更高的灵活性，使其能够迅速应对市场需求的变化；而3D打印技术则突破了传统

---

① Taiwan University Study, "Application of Generative Design in Manufacturing", 2023.
② Siemens Report, "Using Digital Twins in Turbine Manufacturing", 2024.

制造方法的限制，为复杂产品的定制化和快速原型制造提供可能，实现从单一零件到整个设备的全方位快速制造。这些技术的结合，不仅提升了制造的灵活性和效率，也大幅缩短了产品从设计到上市的周期。美国智能制造协会（AISM）的报告指出，企业运用上述技术可以使生产效率提高30%，同时商品返修率下降15%。① 这对于推动资源配置效率和降低生产成本会起到决定性作用。

综合而言，"设计 – 工艺 – 制造"三个环节在第四次产业革命中的融合与创新，显著提高了生产效率和质量，也为企业带来新的发展机遇。随着这些技术的进一步融合和优化，未来的工业生产将更加智能化、个性化和绿色环保。

---

① American Institute of Smart Manufacturing(AISM), "The Impact of Smart Manufacturing, Flexible Production and 3D Printing on Today's Manufacturing Industry", 2024.

第四章 新质生产力与组织方式创新

第一节　通过生产组织方式推动新质生产力发展

除了科技要素外,通过生产组织方式创新也能够从更高层次推动新质生产力发展,具体包括商业模式创新和发展平台经济。

在全球经济竞争日趋激烈的情况下,优化和创新生产组织方式,积极推动新质生产力的发展,成为企业提升竞争力的一大关键。在生产工艺不断升级、科技日新月异的背景下,生产组织方式的创新已经被视为推动新质生产力发展的重要因素。面临全球市场竞争日益激烈之势,企业要想提升自身的竞争力,优化和创新生产组织方式便是一条必行之路。特别是在生产工艺持续升级、科技日新月异的大背景下,生产组织方式的创新尤为重要。

生产组织方式,从广义来说,包括生产计划管理、生产流程设计、工艺技术应用、生产者管理等各个环节。在这个过程中，科技创新和工艺升级，尤其是新兴技术如人工智能、大数据、云计算等的迅速发展，对优化和创新生产组织方式可产生巨大而深远的影响。

首先，科技创新使生产计划管理更加智能化和精细化。通过数据分析和预测，企业可以更加准确地制订生产计划，合理调配资源，从而提高生产效率，减少浪费。

其次，升级生产流程设计的新技术也为生产组织方式创新提供可能性。例如，柔性生产线可以灵活地调整生产任务，以适应市场需求变化。数字孪生技术可以构建虚拟生产环境，进行仿真模拟和优化设计。

最后，新一代信息技术的引入也让生产者管理变得更加高效。例如，移动互联网和云计算技术的应用，使得企业可以随时随地对员工进行专业培训管理，提升了员工的工作效率和技能水平。

总的来说，在全球竞争时代，每个企业都需要紧跟科技发展的步伐，积极优化和创新生产组织方式，从而推动新质生产力的发展，提升自身的竞争力。从全球来看，那些在生产组织方式上不断创新的企业，其生产效率和竞争力也往往居于领先地位。例如，以全球电影制作公司——皮克斯动画工作室为例，通过新型的项目管理机制和团队协作方式创新，其影片制作效率提高了30%，产值从2007年的4亿美元增长到2023年的15亿美元。另据2018年中国企业工业生产数据，采用创新性生产组织方式的企业，其产值增长速度比传统方式高出了35%；那些积极引进新型生产管理工具，如RFID、云计算等的企业，其生产效率提升幅度最高达到了60%。通过实证分析，可知生产组织方式的创新在推动新质生产力发展中起到了至关重要的作用。企业应把握科技发展机遇，积极寻求生产组织方式的创新，以提升生产效率，增强企业竞争力。

第二节　商业模式创新

新质生产力一词也意味着深化生产效率，优化产品质量，以及与环境共生等多方面的优化。在现代商业环境下，一种新的生产力观念正在展现其重要性，那就是商业模式创新。所谓商业模式创新，是指从"供给创造需求"的视角，通过改变生产要素的组织方式，实现从设计、生产到销售全过程优化，最终在升级发展状态上达成新供给与新需求的平衡。在全球经济环境日益复杂且充满挑战以及客户需求持续多样化和个性化的背景下，商业模式创新成为企业追求竞争优势的核心策略。突破传统的供给与需求关系，企业必须采用创新思维，力求成功地创造出新供给来引导和满足新的消费需求，并且还要实现新供给和新需求的平衡，这是把握和领导新兴商业模式创新的基本思路。

面对全球经济环境的不确定性和客户需求的多变性，企业应采取更灵活多变的商业模式创新策略。这意味着企业需要跳出传统思维框架，将供给创造需求的思维与新供给和新需求的平衡结合起来，通过不断地试错、学习和调整，探索构建更为有效的商业模式。

大量实际案例表明，商业模式创新已经成为企业在竞争中脱颖而出的制胜之道。在这个创新过程中，首先是对生产要素的重新配置和整合，并通过技术创新，进一步改变传统的生产组织形式，从而提升效率。例如，华为公司通过在传统电信业务中嵌入云计算技术，取得了显著的经济效益，2015—2023年，其年度复合增长率约19%。

传统经济理论强调供给与需求的自然平衡，但在今天快速变化的市场环境中，这一理念已显得不够适应。创新的商业模式往往先于需求而生成，通过创新的产品、服务或技术手段，创造出新的市场需求，进而引领市场潮流。例如，智能手机的出现是消费需求主体无法具体想象的，但在供给侧一旦成功推出，便引发了基于移动互联网的革命，创造了前所未有的新需求和新市场。

在商业模式创新中，新供给与新需求的平衡至关重要。当供给侧改革推动产业升级，实现新供给时，必须对应到消费者的实际需求和消费升级。以供给创造需求的视角，要通过改革生产要素的组织方式，实现全过程的优化，为商业模式创新提供理论支持和实践指导。企业不仅要通过技术创新和服务创新来创造新供给，还需要通过市场调研、消费者行为分析等手段，准确把握和预测消费者需求的变化，从而实现供给与需求的有效匹配。这种平衡的实现，要求企业在创新中保持敏锐的市场洞察力和强大的调整能力。从供给创造需求的视角看，商业模式创新的关键在于通过创新供给，以实实在在的物质性实惠与用户体验的优化，激发消费者对新产品、新服务的需求。沃尔玛就是一个典型例子，它通过建设全球最大的物流系统并卓有成效地控制综合成本，使得商品价格显著下降，刺激了消费者的购买欲望，其全球销售额在2000—2023年翻了超过两番。

此外，以所谓的"爆品战略"为代表的商业模式创新，被许多企业视为实现新质生产力突破，以及持久发展的有效途径。中国的小米公司，就以其创新的"爆品战略"在全球范围内取得了显著的成功。自2010年创建以来，小米公司积极致力于商业模式创新，其核心战略即"爆品战略"。这一战略的核心是制造并推广那些具有超乎市场同类产品性价比和创新性、能够引发巨大市场需求的"爆品"，从而在短期内实现产品的大规模推广和低成本生产。正是这一创新战略的实施，为小米赢得了全球范围内的巨大市场份额，使其成为全球最大的电子产品供应商之一。据2024年全球市场研究机构IDC的报告统计，小米已经超越苹果，位列全球智能手机市场份额第二，仅次于三星。这一前所未有的成功，得益于小米独特的商业模式和执行力。小米以"爆品战略"带领市场需求，实现大规模生产，并有效地降低成本。这种"爆品战略"向全球的商业机构提供了宝贵的经验。首先，企业需要颠覆传统的产品导向思维，转向商业模式创新以便更有效地提升产品的用户体验和市场营销水平。其次，通过创造独特的产品，吸引公众眼球，引领市场需求，进而实现商业的突破。最后，企业需要打造优化相关资源配置形成完备的商业圈、供应链生态系统，以实现其快速与健康地发展。

综合来看，"爆品战略"作为商业模式创新的代表之一，正是新质生产力的重要案例体现。小米在此模式的实践中成功地转化了市场需求，实现了低成本大规模生产的目标。然而，这并非一蹴而就的过程，需要企业深度理解市场，精准研判需求，详细设计商业模式、创新方案及其相关实行策略，从而在激烈竞争的市场中获得优势，实现可持续发展。

第三节 平台经济的价值变迁：从经济价值到社会价值

在当今的数字时代，平台经济（Platform Economics）正在以前所未有的方式体现新质生产力的重要性。平台经济是在当下的话语背景下，由数据驱动、平台支撑、网络协同的经济活动单元所组成的涉及虚拟或真实的交易场所，本质上是市场的虚拟化。在平台经济中，平台本身不生产产品，但扮演中介方、市场组织者等多重角色，促进双方或多方供求之间的交易。这种经济模式包括多种形式，如电商平台、共享经济、在线支付、社交媒体和直播平台等，它通过互联网和数字技术实现资源的有效聚合和价值创造，促进了商品、服务和信息的交换。平台经济正在通过独特的经济特征和价值创新，推动新旧动能转换，并开创超常规的社会福利。这为实现普惠发展和共同富裕的目标提供了新的机遇。平台经济有别于传统平台的经济特征与价值创造，同时能够支持新旧动能转换和实现超常规的社会福利，从而对接普惠发展和共同富裕。

（一）平台的价值变迁

古老的商业革命让我们看到信息交换的极限、效率的壁垒以及规模经济效应的制约,但数字化平台则站在一个全新的开始。它以及其后续的升级版本,实现了交易成本的显著降低,供需对接范围的相对扩大,以及过剩产能的有效循环利用,从而对应了传统产业化阶段的经济增长动力转型。具体来说,数字化平台通过技术的突破和制度的创新,促成了全新的经济范式,这就是我们称之为"数字化平台2.0"的真正力量。

1. 传统平台的价值逻辑:初级的标准化、规模化与信息交换

传统平台,最易为人理解的无外乎传统的贸易市场、交易所实现的信息交换(中介)以促进交换,或是工业生产线中通过实施标准化来推动大规模生产和组件化应用,以实现生产效率的提升。然而由于信息不对称、委托代理成本等多重因素的制约,传统的交易平台难以突破戴蒙德理论的报价机制,传统的生产平台受限于地理经济范围、运输成本等客观因素,发挥规模经济效益的程度也比较有限。在相对高昂的交易成本之下,市场的供给和需求都相对有限。

2. 数字化平台 1.0 的经济价值:交易成本显著降低、供给与需求对接范围相对扩大以及循环利用过剩产能

数字化平台1.0版本,即"单一的计算机技术+劳动+资本"等生产要素投入的经济组织模式,如智能手机出现之前的通信工具——移动通信"大哥大"小灵通式的新供给能力,具

有远程语音通话的单一功能。以经济演化视角来看，从传统平台向数字化平台1.0版本的演化过程依然是一次"跃迁"，而这一过程伴随着人类社会"工业化"进程的"质变"，即传统工业（如机械制造、石油等能源开发利用）向新兴工业（如计算机应用、通信技术）的转型，信息技术、通信工程等产业逐步成为新的经济增长动力，而数字化信息，作为一种新的生产要素，与土地、劳动力等传统生产要素结合，形成了交易成本显著降低、供给与需求对接范围相对扩大以及循环利用产能过剩的新型经济组织模式，可被称为数字化平台1.0版本。

以"去产能"经济政策为例。数字化平台1.0版本从以单一提高生产效率为主向以"自上而下"贯通型产业协同发展为中心的生产活动转变。在单一生产效率为主的模式下，某一分工节点的产能过剩，就容易引发整个传统平台的生产过剩，进而降低经济绩效，而上下贯通型产业协同的经济组织模式将专业化分工过程平面展开，从产业上游到产业下游协同发展，降低了某一环节产能过剩的不确定性，从而提高经济绩效。因此，与传统平台相比，数字化平台1.0版本产生的新的经济价值变迁，在于依托新的生产要素组合状态，形成交易成本降低、供给与需求对接范围扩大以及有效利用过剩产能等经济价值。

3. 数字化平台 2.0 版本经济价值:"技术突破—制度变迁—创新技术—新经济范式"演化模式下多主体供需渠道"精准"联通、交易费用趋近于 0,并且在闭合生态圈内真正实现海量供需的匹配

数字化平台 2.0 版本,即以"数字技术+其他生产要素"投入的经济组织模式,如无数商家对接无数消费者的电子商务平台,从表象上看,没有一件商品库存是自己的;从实质上看,这是数字化平台 1.0 版本的升级,使得一条产业链整体存在的问题通过该平台上众多主体交互机制合乎逻辑地解决,并且通过克服时间与空间的障碍,显著提高交易效率,创造更大规模的经济绩效。从经济演化的角度看,数字化平台 2.0 版本又是人类社会"工业化"进程的延伸"跃迁",这是继"机械化""电气化""信息化"之后,出现的"数字化"经济繁荣新局面。

与未升级状态的信息技术相比,数字技术依托人工智能、大数据等科技发展,将海量信息"精准降维",从而实现在极短时间内将要素市场、商品市场乃至金融市场的供给与需求渠道"精准"联通。从经济绩效角度来看:一方面,各类市场供需快速而准确的匹配缩短了交易时间,精简了交易环节,进而更进一步降低了交易成本,甚至使得交易成本趋近于 0;另一方面,数字化平台 2.0 版本汇集了海量数据,意味着在该经济组织模式下,经济运行的制度安排也有了革命性突破,可实

现多个供应商、中间商、消费者的多元互动，进而形成闭合生态圈模式下的产能充分利用。因此，与传统平台、数字化平台1.0版本相比，数字化平台2.0版本产生的新的经济价值变迁，在于创造了新的经济增长范式，即"技术突破—制度变迁—创新技术—新经济范式"。从微观上来看，在数字化2.0平台中，多主体突破时间、空间的限制，供需渠道"精准"联通、达成市场交易价格，并且交易费用趋向于0，由于海量的供需主体得以"精准"对接，在闭合的生态圈中已基本不存在产能过剩的概念。从宏观上来看，这是以技术进步与制度变迁"两重叠加"的"创造性破坏"而形成的经济革命。

（二）数字平台的经济价值

数字化平台的经济价值延伸于各个层面，既包括信息匹配和信用体系的完善、供需双方良性互动的推动、知识扩散的促进，也包括流量变现的支持和规模集聚效应的发挥。这种分层级的经济价值展现，空前扩展了市场边界，提供了海量供需的匹配可能，形成了一个闭合的生态圈，同时实现了商业变现。结合数字化平台的主要经济特征，可从如下层层递进的诸方面初步总结数字化平台的经济价值。

1. 通过完全信息匹配和优化信用体系建设，实现搜寻成本/交易成本的大幅下降，甚至趋于零，从而使得交易费用趋低

与数字化平台的供给"精准"响应需求的适应性机制相应，其经济价值首先体现在海量数据下"精准"联通供需渠道，显著降低交易成本，实现较低的市场价格。追本溯源，在传统平台下，因时间、空间等先天条件的限制，交换信息的成本较高。1961年，美国经济学家斯蒂格勒通过分析信息成本影响商品价格等问题，首次将信息作为生产要素。现实经济环境中所存在的逆向选择、道德风险等因信息不完备而阻碍经济绩效的问题，都可因信息对接的"精准"而改变。在从信息经济学到数字经济学的演变过程中，着力解决的问题就是依托人工智能、大数据等科学进步，智能"精准"搜寻匹配海量数据，突破交易时间、空间等条件的限制，降低生产活动中交换的信息成本，实现供应商与终端消费者接近于零成本的供需渠道联通。

互联网平台发展到一定阶段，会出现趋向于边际成本为零的状况。社会成员免费接受服务可称为边际成本归零，前提是对于可持续运行的企业总体而言新增供给的成本几乎为零，比如漫游费，在走过了某一个社会博弈的临界点以后，漫游现在就免费了，变成了边际成本为零。从供方可能传导到需方受益，时间差一般都是存在的。首先是供方边际成本为零了，但它不一定在商业模式上让需方在接受供给的时候成本为零。"淘

宝村"的孵化正是一开始以当地政府与阿里巴巴共同承担成本、无偿为村民进行培训的模式,以此作为第一推动力,搭建更大规模商户数量的淘宝平台,以数字技术为依托,实现供需信息全面完整的匹配,通过扩大商品供需空间的方式,降低商品交易成本,显著提高交易额,带动地方经济发展。

2. 实现供需双方的良性、即时互动,加大服务密度和深度,降低部分行业的准入门槛

数字化平台的经济特征之一即为"行为特性"的生产关系。与传统平台下二元对立的"机械特性"的生产关系(即雇佣与被雇佣的生产关系)相比,"行为特性"的生产关系显现出"包容性"经济制度安排的经济价值。所谓"包容性",即在数字化平台中所构建的生产关系是一方面在竞争环境中收益为参与生产的社会成员所有,具有较高的生产性激励,而另一方面所有社会成员也有权参与设计生产制度。就经济价值层面具体来看,一方面,"包容性"体现在供应商、中间商与消费者的"良性"友谊互动、深层次挖掘并连接各方需求,进而有效改善供给,服务质量得以随密度、深度的加大而显著提高;另一方面,"包容性"体现在整个经济自由竞争的格局并非抬高市场的准入门槛,反而由于供需的及时、定制化互动,降低了交易价格,进而降低了某些行业的准入门槛,使得更多的生产者能进入行业,形成以自由竞争推动企业经济绩效增长的良

性循环。

比如，Airbnb 之所以颠覆了传统酒店业的经营模式，关键在于酒店经营者角色的"行为特性"：在传统酒店经营模式下，酒店经营者的角色准入门槛需满足土地、劳动力以及资本等要素的基本要求，而依托以 Airbnb 为代表的数字化平台，极具包容性、参与性的制度安排，一方面，大大降低了原有要素的准入门槛，使得大量分散的社会成员以生产者身份加入酒店经营业务；另一方面，在 Airbnb 的酒店经营平台上，酒店经营者的角色也可适时改变，每一个酒店经营者既可以是"房东"身份，也可以是"住客"身份，这种灵活、合意的角色转化的实质，呈现了"新供给特性"——以供需之间的良性互动、通过自身服务体验而加大服务密度和深度，进而形成供给竞争中的比较优势，释放新的民间经济增长潜力。

3. 促进知识扩散，扩大有效供给，使得原本无法参与供给的潜在市场主体也能加入供给侧，显著扩大市场边界，对接海量、长尾市场

数字化平台的经济特征之一是可形成有助于知识和有用信息传播的"非竞争性"。一方面，形成市场定价表明拟生产的物质可进入交换环节；另一方面，反映正确信息的上述知识以便捷的扩散体现为扩大物质再生产范围，即扩大有效供给。上述两方面意味着数字化边界平台的经济价值之一是拟生产的物

质具有交换价值的前提下，可纵深拓展供给侧、扩大有效供给后使更多的生产商进入要素市场，更多样化地扩大市场内容和扩展其边界。

比如，依托新一代网络技术的 5G 应用，以无人驾驶车为代表的智能终端将从供给端再次变革汽车制造业，自动驾驶与人力驾驶的替代过程，又将是数字技术逐步变革劳动力的产业革命过程。麦肯锡预测，2025—2027 年将是自动驾驶的拐点，此时将是自动驾驶与人力驾驶的经济平价点。自动驾驶若能在中国落地生根，到 2030 年，自动驾驶将占到乘客总里程的约 13%，到 2040 年将达到约 66%。到 2030 年，自动驾驶乘用车将达到约 800 万辆；到 2040 年，将达到约 1 350 万辆。根据华为的预测，2025 年个人智能终端数量将达 400 亿，个人智能助理普及率达 90%，智能服务机器人将步入 12% 的家庭，个人潜能将在终端感知、双向交流和主动服务的支持下大幅释放。人需要休息，但是机器智能永不离线。

于是，数字化平台所体现的经济价值包括延展市场的长尾效应明显，消费者群体扩大。究其原因，一方面源于数字化平台本身的物理特征，即拥有海量数据的基础设施，数字技术的应用使得此数字基础设施上搭建的产业易流动、可分享，比如，文学的传播平台已从人类故事的口口相传，到实物载体记录的文学作品流传于世，进而发展为虚拟世界中海量的网络文学。与之相应的是，文学本身的消费市场，也已从古代的贵族阶层，到近现代的知识分子小圈子，再到现代社会中覆盖大部分普通老百姓，文化消费市场的外延拓展显而易见。

数字化平台 2.0 版本下，行业门类界限逐渐被打破，如第一产业的农业与第三产业的服务业有机融合，第二门类的制造业也与服务业有机融合，各类要素市场通过数字化平台联通广阔的产品市场、金融市场以及海外市场。经济学理视角下可表述为供给侧与需求侧的联通渠道被扩大，由此对应于海量、长尾的消费市场，极低准入成本的大量供给主体加入经济生活，以生产经营和活跃交易促进繁荣。比如在消费互联网时代下，以淘宝网为代表的电商平台打破了时间、空间的界限，各类农产品、手工业制品、以知识付费为代表的无形产品、中间品等，均可实现远程同步交易。

4. 有效支持创新，并帮助其成果更顺利地实现商业化

数字化平台依托数字资源对生产活动带来熊彼特提出的"创造性破坏"，即"不断地从内部革新经济结构，不断地破坏旧的、不断地创造新的结构"的过程，在数字化平台时代具备了前所未有的支持条件，创新之后的成果也可随之更好地实现商业化。

在中国的传统职业文化下，"干一行、爱一行、专一行"在数字经济时代已被"创造性破坏"。以文创 IP 产业为例，主流媒体上主打影视文创产品之后，往往紧跟手游、衍生品，紧

接着是通信工具上的表情包，甚至是实体经济中百货商店的玩偶、文旅地产项目等。IP 的附加值源于数字技术对传统文艺广播影视行业的"创造性破坏"，高高在上的"文学艺术名著"借力数字化平台，"飞入"寻常百姓家，商业化价值凸显。比如明星、网红经济下，文创产品"秒售"频繁可见，消费随着所谓"带货"效应在数字经济模式当中容易呈现出短期爆发式增长，而网络售票平台的出现则让文创产业短短几个月实现几十亿票房的神话变为现实。

5. 通过数据支撑而来的规模集聚效应，为流量变现提供渠道的同时，实现少量用户付费、多数用户免费的平台自身运转，发展分享、共享经济

数字化平台的数据逐步从非独立生产要素转变为独立生产要素：在数字化时代，一方面，数据已俨然成为生产活动的必需品，既依托人工智能技术，改善信息作为生产要素出现不对称问题导致的生产结构扭曲，进而改善供给侧，又可以依托大数据的物理特征有效反映产品和服务需求。经济社会中的全体成员的经济活动本身也成为"数据生产者"。与之相应，规模集聚效应产生，并可进行流量变现，实现少量用户付费、多数用户免费的自身运转。

以淘宝上的卖家"直播秀"为例，与传统平台的"电视购物"类似，将语音、图像作为媒介传播产品信息。依托 5G 网

络技术所构建的数字化直播平台体现了"超常规"正外部性，原因在于以少量广告商、产品商付费得以运转的"直播平台"，使海量用户享受到了互动式购物体验，从而出现了规模集聚带来的"分享""共享"的正外部性。

综合上述方面，数字化平台的经济价值可归纳为依托数字技术"精准"联通供需、改善供给有效性，突破时空限制加大服务密度与深度，扩展市场对接长尾客户，增进集聚规模效益，减少交易环节、降低交易成本、提高交易效率，助力信用体系建设，发展共享机制，促进实现社会福利最大化。

（三）数字平台的社会价值

在认知数字平台经济价值的基础上，还应进一步分析认识数字化平台的社会价值。我们首先看到的就是它如何支撑多领域普惠发展。它以创新为核心，通过提供基础设施，使得更多的社会成员，包括农民、中小企业主或创业者，都能流畅地获得必要的社会资源。此外，数字化平台通过数据的支持，也不断地扩大了就业机会、提升服务质量，并引领了许多新型商业模式。数字化平台的信用体系带来超常规的正外部性，即数字化平台为其他生态圈平台创造超常规的经济价值，生发出正外溢效应，而且数字化平台所释放的往往是超常规的外溢效应。究其原因，以海量数据为载体的数字化基础设施功能不仅构建了一个闭合生态圈的平台市场，也在于此平台可立体地、高维地向外部环境释放正的外部效应，带动周边生态的立体化发展。具体可以概括为以下几个方面。

1. 数字化平台搭建的基础设施支撑多领域普惠发展

普惠发展，是指经济、贸易、社会、科学、技术等方面发展所带来的利益和好处，能够惠及所有国家和所有人群，特别是惠及弱势群体、落后地区和欠发达国家。数字化平台作为新的基础设施，为人类社会发展提供了普惠发展的契机。

我国通信基础设施的进步使得智能手机用户数、网民数以及电子商务规模逐年上升。数字化平台创造新商业模式，深刻改变了国际贸易、金融和物流的行业景观。数字化平台催生跨境电商，推动国际贸易门槛不断降低，国际贸易的主体、客体、贸易过程都发生重大变化，为发展普惠贸易创造了有利条件。普惠贸易也使更多小微企业和个人获得平等参与国际贸易的机会，活跃市场主体，壮大国际贸易参与的个体队伍。在贸易过程中，数字化平台运用技术手段提高企业间信息交换的效率，将生产者和消费者直接联系起来，有利于产品的优化创新和企业的升级改进。

数字普惠金融已经成为全球认可的普惠金融创新实践路径。数字化平台能够降低金融服务成本、提高服务效率、拓展金融服务边界、提升金融服务的用户体验，让广大社会成员，尤其是"低端"群体能享受到便捷、安全、可信的金融服务。比如阿里巴巴的支付宝业务的核心功能在于通过数字支付的便捷性，缩减交易时间，进而提高交易效率，以促进消费。而在支付宝海量交易数据下，衍生形成了可与传统银行信用体系相比的芝麻信用分，具有与银行提供购房、买车贷款、担保类似的功能。阿里巴巴通过支付宝、芝麻信用，让成千上万原本没有纳入传统信用体系的小商家、个体户，建立起了信用档案、获得了贷款。我们认为，通过海量交易数据平台所衍生出来的全社会成员的信用平台的发展属于超常规的。进一步来说，越来越多的芝麻信用用户，开始享受信用给生活带来的便利。无论是共享单车、共享充电宝，还是飞猪的信用住、闲鱼的信用回收，利用芝麻信用、支付宝信用授权，超过一定标准就可以享受到"信用免押"。这背后，就是积累的商业信用量化的过程，本质是商业信用资产化。一个人在商业社会的守信行为不断累加，就能够直接当钱花；比起钱来，信用还可以越用越多。数字化平台在让金融以低成本的方式便捷、有效地触达社会各个群体时，会有效甄别风险。生物识别能解决远程身份认证难题，尤其是为边远地区提供便捷的服务。人工智能技术提升大数据处理效率，能够通过深度学习的方式不断迭代升级，用技术拓展金融边界。云计算通过低成本、高扩展性的运算集群，可极大地降低金融服务运营和创新成本。

以服务器、存储和软件为代表的传统信息技术产品的采购和维护运营成本较高，而以云计算技术为代表的按需服务供给机制，使得个人及各类企业能够以低成本获得所需的计算、存储和网络资源，降低技术门槛。从这个角度来讲，数字化平台发挥基础设施作用，打破了大企业在计算能力上的垄断，使计算成为普惠技术，为中小企业提供创业、创新的土壤和支持条件。云计算使用便利，大量创业者可基于云计算平台开发新的互联网产品和服务。云计算成熟度越高，创业者从0到1的突破成本越低，周期越短。借助数字化平台这一基础设施，企业可以有效地应对业务迅速增长带来的IT资源供应压力，得到云计算按需提供的运算能力，所以能够迅速扩充资源，并有效应对短时间的、高峰值需求。

云计算由此发挥公共服务功能，可为高校和科研机构提供与企业同等的计算能力。研究开发通常依赖大量数据分析，强大的计算能力让创意和发现更有成功的可能，更好地发挥对生产经营的促进作用，特别是为中小企业的创新发展源源不断地提供原来难以企及的计算支撑能力。

2. 数字化平台对中国行业、社会、民生的普惠效应显著

通过多年积极探索，数字化平台在促进行业发展、扶贫、扩大就业和提高就业质量等民生重要领域取得了突出成效。

传统行业寡头的出现倾向于操纵市场，抬高价格从而使消费者承担高于边际成本的价格，同时也倾向于掠夺行业资源，

造成行业中小企业生存艰难。然而互联网行业则与之完全不同，行业领先者与行业其他同行公司的发展更近似于经济学理论总结的"雁行模式"，先行者用自己的经验带动行业共同发展，降低后来者试错成本。

在新经济时代，企业仅仅依靠内部的资源进行封闭、自循环的高成本创新活动，已经很难适应快速发展的市场需求以及日益激烈的企业竞争，"开放式创新"是行业主导模式。中国独特的"大平台、巨网络"，让更多的小微创新活动进入开放市场，以更快的速度、更低的成本获得更多的收益与更强的竞争力。创新者能够更方便快捷地寻找资金、技术、外包、团队、咨询或战略联盟等以及合适的商业模式，并能更快更好地把创新思想变为产品与利润。在一个规模足够大、层次足够丰富的市场上，如果创意转化的协作效率足够高、成本足够低，微小主体的创新也能极大降低市场中的摩擦、损耗与阻碍因素，及时被相关方捕捉和筛选，从而转化为社会经济发展的动力与有效供给。

数字化平台靠技术驱动的特点决定了互联网行业巨头公司对行业内的影响，往往是将可复制的经验共享，有利于促进中小企业百花齐放。为保持领先地位，行业领先者需要不断突破新技术，在追求创新的过程中，生产要素充分流动，由此保证了整个行业的活力。因此，相比传统行业垄断性公司能延续数百年以家族性质传承下去，互联网领域头部公司，却始终如履薄冰，不懈进取，因为其在战略制定和技术创新等领域，皆属于业内试错第一人，投入大量时间和成本，承担最多的失败风险，可能昔日最辉煌的公司，会因为战略失败而瞬间灰飞烟灭。因此可以说，行业领先者有压力和动力源源不断地推进创新，从而提升社会生产率，在创新中带动行业不断寻求积极发展。同时，数字化平台营造的创新环境和社会氛围、形成的标杆启示，也广泛地激励和帮助千千万万市场主体的技术创新和商业模式创新。

以数字化平台为载体，市场、政府和社会合力消除贫困已经探索出成功经验：市场对资源配置起决定性作用，同时政府在基础设施、社会动员、人才培训方面发挥积极作用，村民、企业、产业园、数字化平台等多样角色广泛参与其中，营造良好生态，有助于促进消除贫困的有效性和可持续性。数字化平台一方面发挥平台企业以技术创新汇集资源、带动能力强的特点，充分展现流量优势，带动社会广泛脱贫、参与脱贫、助力脱贫；另一方面将技术创新成果应用于脱贫工作的多个环节，用技术提高生产效率，增加销售收入，改变贫困状态。

数字化平台带动社会力量广泛参与：随着互联网技术的发展，新闻网站、社交网络、电商平台、移动支付、网络直播等多种方式，为个人和企业提供关注脱贫、参与脱贫的渠道和具体行动方案，特别是以技术创新助力智慧脱贫。

数字化平台提供了商业基础设施，可让千万卖家低门槛、低成本地向买家开展远程交易,也可以让不同年龄、性别、学历、民族、地理位置、身体状况的人(包括低学历者、残疾人、破产人员等)都能有机会参与到社会生产经营中,更多地自我实现劳动者的尊严。除了由此而来的产业主体和公司的个体就业以外,平台公司也因为渠道的下沉、技术的革新,促进扶贫工作,促进产业兴旺而形成更多就业机会,创造特色就业,在基本面上增加农民收入和带动人们返乡创业。

数字化平台生态体系创造的机会,直接带动了信息服务业的软件设计应用、现代物流业的快递服务、资金流转中的第三方支付等服务业新工种的快速发展,吸纳了大量大学生就业,以及传统产业就业者的转移。同时,涌现出新形态的就业形式和就业新种类,让拥有各种潜能、技能和天赋的人能够更好地发挥自身所长,实现灵活、多元的就业。

例如"淘宝村",是中国以数字化平台为基础条件的创造,这种新兴的经济模式对于提高农民收入、发展农村经济、促进农民创业和就业、消除贫困、推动城乡一体化具有重要作用,为解决我国"三农"问题探索出了一条行之有效的可选路径,为以数字经济促进乡村振兴提供了一个有力抓手。根据阿里研究院公布的数据,2022年,淘宝村数量升至全国25个省(自治区、直辖市)的7 780个、淘宝镇数量达2 429个,无论是在数量上还是在分布广度上都具有飞跃式特征,整个阿里数字平台体系带动就业机会超过7 000万个。2023年,832个全国贫困县在阿里平台上的销售额超过1 300亿元，160个国家乡村振兴重点县的总销售额超过43亿元。许多穷乡僻壤的农民群体，包括女性社会成员，由此路径进入了"草根创业"、自主就业、脱贫致富过程。

数字化平台的数据资源与政府信息平台和社会中介服务平台的对接，有利于显著提高政府科学决策的水平和公共服务的质量与效率。数字化平台引发和催生的经济、商务活动增加透明度和在线评价，也客观上产生了增强社会信用、提升社会信任、规范市场竞争秩序和健全交易规则、创新治理模式、推进社会共治的正外部效应。而且，还衍生了动员社会资源，共建大型工程（如wiki百科）应对自然灾害与突发事件聚沙成塔做公益慈善的机制。

3. 以互联网信用生态系统构建数据时代"软基础设施"

信用是市场经济的基石，没有信用制度的建立与完善，就没有企业的可持续发展壮大和整个市场经济体系的有序、健康运行。近年来，国务院、中国人民银行等都出台了关于征信工作的重要指导文件。在我国信用建设推进中，数字化平台借助得天独厚的技术和数据优势，改变传统征信行业的竞争格局，使企业的"在商言商"扩展到对接社会性信用生态系统的建设性贡献。

互联网信用的发展，扩大了信用信息的覆盖范围、降低个体的违约率，并且将信用资本变成一种重要的资本类型，使良好的信用评级降低个体在交易活动中所付出的成本。信用是金融活动的核心，在数字化、网络化的虚拟空间中，信息的采集、流通速度极快。随着存储技术、计算技术的发展，信息存储、计算能力极大增强，处理成本极低，使项目的交易成本可以忽略不计。当资金的需求方信息在虚拟空间呈现时，信息更透明且数据丰富，通过数据能够精准地给投资者或者融资者画像，准确地评估其真实信用水平，让信用较好的申请者足不出户、方便快捷地享受无抵押、无担保的纯信用贷款。

我们看到，不论是经济价值，还是社会价值，平台经济都广泛体现了新质生产力的主要特征。而随着数字化平台的发展，这一体现将愈加明显，为我们的未来描绘出了一幅乐观的前景。实践表明，借力数字化平台，我们不仅可以创新商业模式，实现经济价值的升华，同时也能提升社会公众的福祉，推动普惠发展，实现共同富裕。因此，全面理解和把握平台经济如何体现新质生产力，对于我们推动经济社会发展具有深远意义。

第四节　平台经济体现新质生产力价值创造能力的飞跃

（一）平台经济与新质生产力的关系

当今社会，无论是在商业模式，还是在经济发展的格局上，平台经济正以其独特的魅力，成为助推新质生产力发展的重要力量。据国际数据公司（IDC）的报告预测，到2023年，全球60%以上的新经济都将来自平台经济，再次彰显了其在新质生产力中的关键地位。

一方面，平台经济，尤其是以数字技术为核心的平台经济，极大地提高了生产效率。以云计算、大数据和人工智能等技术作为基础，平台经济能够准确、迅速地匹配供需双方的信息，减少交易成本，提高交易效率，从而对生产力的发展产生直接推动力。以乐淘网（2008年成立的运动鞋、皮鞋网络零售平台）为例，借助其线上直销平台，短短几年的时间里，乐淘就吸引了超过5 000万用户，并与全球500多个品牌建立了直接合作关系，凭借精准的数据分析和预测，实现了产品和消费者的高效对接。

另一方面，平台经济促进了新型业态和模式的创新。如共享经济、网络众包等新兴业态的出现，极大地丰富了市场的供给，激发了消费潜力，也为就业创造了更多的可能。滴滴出行就是一个很好的例子，它的出现打破了传统的出行业态，让出行变得更加灵活多样，同时也解决了大量的社会就业问题。

但同时，平台经济也对新质生产力的发展提出了新的挑战。如何处理好平台的数据隐私、公平竞争、普惠服务等问题，已经成为新质生产力发展的重要课题。政府需要健全相关法律法规，为平台经济的健康发展提供保障。企业也要把握好服务质量、数据安全、公平竞争等原则，推动平台经济的可持续发展。

总的来说，平台经济和新质生产力的关系是互促互进的。平台经济是新质生产力发展的重要推动力，同时，新质生产力的发展也为平台经济的发展提供了需要和动力。我们有信心，通过努力，平台经济一定能够在新质生产力的推动下，为新的经济社会发展注入强大的活力。

（二）平台经济如何支撑新质生产力

在过去的十年中，我们目睹了一场驱动社会生产力飞跃的改革潮流，即平台经济的飞速发展。平台经济作为一种新型经济形态，取决于具备高级数字技术的互联网平台，其独特性在于它可以实现资源的有效整合，提高社会资源配置的效率，同时激发消费、带动就业并拉动内需。这种经济形态不仅推动了社会经济的发展，而且实现了新质生产力价值创造能力的飞跃。

在新质生产力的背景下，平台经济利用其强大的创新性和变革性力量，使得现代生产力得以提升。这种经济形态的潜在力量在于它跨越了传统行业的限制，借助数字技术和云计算等新一代信息技术，全面融合产业链和整合价值链。相比传统产业，这些平台有助于更有效地配置资源，快速响应市场变化，从而大幅提升了市场配置资源的效率。以中国电商巨头阿里巴巴和美国电商巨头亚马逊为代表的商业平台，运用先进的大数据和人工智能技术，构建起全球性的线上零售平台，提高了市场响应速度与运营效率，从而增强了在全球市场的竞争优势。

此外，平台经济还以其独特的市场规模经济性和双边市场性，实现了剧增的价值创造。以平台为媒介，买方和卖方能够快速有效地进行交易，减少中间环节，降低交易成本，提升交易效率。尽管消费者的需求非常个性化和多样化，流量足够的大平台还是能够通过精细化的运营和智能化的匹配，实现需求和供给的精准对接。这种模式显著提升了市场交易的效率和效果。

再次，平台经济的开放性和求新性为企业提供了宝贵的创新机会，使得产业更易于融合、更有利于创新。平台经济打破了传统行业的监护，使得不同行业和领域的企业、个人以及创新者可以充分参与到各种经济活动中来。这大大激发了社会的创新和创业动力，推动了新产业和新生态的形成。据阿里巴巴2023财年年报，仅当年淘宝新增了512万个新商家，其中绝大多数是中小商家，这些平台经济中的企业在疫情期间更是显示出了显著优势。通过这些转型，可以说开放性和创新性已经成为平台经济和新质生产力的共同语言。

最后，在各种利益相关方之间，平台经济提供了有效的价值链，为社会创造了巨大的经济收益和社会价值。其推动了产业的升级和转型，提高了生产效率和质量，降低了交易成本和风险。此外，通过提供更加便捷、高效和个性化的服务，平台经济也极大地丰富了消费者的生活，满足了人们对美好生活的多元需求。

总的来说，基于数字技术和互联网平台的平台经济正在全球范围内发展壮大，其所展现出来的创新性、开放性和可协同性等特性，使之成为新质生产力价值创造能力的重要推动力。随着这种经济形态的不断演变和发展，我们有理由相信，平台经济将会在整个社会经济领域持续发挥着它的独特魅力，推动新质生产力的价值创造能力继续飞跃。

（三）平台经济实现价值创造的飞跃

1. 平台经济助推国民经济持续健康发展

平台经济为国民经济转型发展提供了"创新"动力支撑。

根据商务部数据，2022 年我国数字经济规模达 50.2 万亿人民币，同比增长 10.3%，占 GDP 比重提升至 41.5%。我国数字贸易发展规模不断扩大。其中，跨境电商占我国货物贸易进出口的比重从 2015 年的 1% 增长到 2022 年的 5%。2023 年，最终消费支出拉动中国经济增长 4.3 个百分点，比上年提高 3.1 个百分点，对经济增长的贡献率是 82.5%，提高 43.1 个百分点，消费的基础性作用更加显著，而其中以电商平台、直播带货平台等新消费平台为代表的平台经济对拉动消费功不可没，持续为经济增长发力，数字经济总量连年占 GDP 比重超过 30%。平台经济对于资源的配置具有传统经济模式所不具有的诸多优势，能够不断通过利益杠杆优化资源分配来追求资源利用的最优化，从而缓解我国国民经济可持续发展的压力。数字电商平台信息技术与平台的快速发展，加速了第三产业的发展，促进了我国产业结构升级，加快了经济发展模式的转变升级。

2. 平台经济策应需求端消费升级

平台经济为消费者众多需求集成提供载体并匹配物品或服务，促使用户体验进一步升级。我国居民消费正越来越多地从传统消费转向新兴消费，从商品消费转向服务消费，逐步地由模仿型、同质化、单一化向差异化、个性化、多元化升级。目前新一轮消费升级，正经历"量变"到"质变"的过程，根据国家统计局数据，全国城镇居民家庭人均消费中，生存类消费占比逐渐下降，发展类消费占比不断上升，正逐步成为消费的核心，人民更多考虑进一步丰富自己的物质和精神生活，重点包括医疗保健、教育娱乐和交通通信方面的消费。保健医疗方面健康理念升级，更注重保健与预防；教育娱乐方面可选性教育支出占比增加，学费支出的占比下降而作为可选择性消费的补习费支出保持高速增长；交通通信中私人交通占比强势上升。平台经济以特色化、个性化的供需撮合，咨询服务，物流配送，线上线下结合的便捷、高效交易机制等策应了消费的升级。

3. 平台经济为供给端产业创新社会进步创造条件

平台经济在新技术革命成果支持下，显著提高了供给端的产业创新能力和社会事业进步水平。比如，得益于百姓消费升级与数字电商平台提供以消费者需求为导向的产品指引，各行业不断补充商品种类，提供有竞争性的产品服务并且积极扩展跨境行业、母婴行业、时尚行业、生鲜行业、家装行业等。在二手回收领域推出闲鱼、爱回收、云集等，在线旅游推出途牛、爱彼迎、飞猪等，物流方面联结顺丰速运、德邦物流等形成产业链，全行业协同共进。在金融服务领域，支付宝、微信支付式的网络支付，在提供便捷交易的同时也对传统的银行业务带来冲击。新兴的无人银行融合了AR/VR技术、生物识别、语音识别及全息投影等技术，智能投顾可根据不同客户风险偏好和投资意愿，提供智能配资策略。蚂蚁森林关注到环保事业，相互宝提供医疗保障服务，由淘宝等电商平台交易业务带动的淘宝村、淘宝镇在助力脱贫攻坚战中起到了重要作用。农业双创，电商扶贫已成为众多地区脱贫致富的途径之一。丰富的网络零售和电子商务，分销、拼团、社区团购等，为众多小微企业的初创提供孵化环境，在全民创业、万众创新的大环境下实现轻资产创业的目标。平台的准入门槛低、覆盖广、触达深、传播快，已成为众多行业的标配。

4. 平台经济为精准匹配供需满足人民美好生活需要提供途径

数字平台助力创新优化供给端企业研发与生产能力，一方面，以消费者需求为导向重新配置产能，推动产业行业升级；另一方面，满足消费升级背景下人民日益增长的美好生活需要。运用大数据技术挖掘收集消费者需求信息，为商家定制化生产提供有效途径。由此，数字平台联结商家与顾客两端，赋予需求端更多参与权，改变传统的社会生产模式，从以往的供产销转变为定制化生产模式促成供给端更精准的产品服务指向下，以消费者需求为导向做生产研发，及时掌握准确的消费者市场数据信息，在市场竞争中抓住机会，高效配置资源。行业产业的进步、消费市场的潜力以及国家、地方政策的支持使得数字化电商平台迎来发展机遇。驱使供给端不断创新以满足人民日益增长的物质文化需要,提高社会成员总体的满足感与幸福感。

显然,上述这些平台的积极作用、创新效应,是推进中国现代化超常规发展战略贯彻落实的重要动力源。面对中国实现现代化历史飞跃的"强起来"新时代,平台经济功能作用的展现和发挥方兴未艾,我们对平台经济的经济价值和社会价值做专题研究,具有明显的必要性和重大意义。

第五章 新质生产力与产业链、供应链优化

第一节　完整的产业链配套是中国发展
新质生产力的底气

在全球经济体中，中国以其全面的工业门类及产业链体系跃居前列，中国目前具备全球最为完整的工业门类和产业链配套，是发展新质生产力的坚实保障。"新基建"支持新、老基建相互呼应的产业集群再造升级发展，为新质生产力的发展提供了坚实的"底气"。随着"新基建"的推进以及产业集群升级，中国的工业供应链投资机会丰富、潜力巨大，未来的发展前景广阔。

从生产供给角度看，按照世界银行的产业分类标准，中国以"41个工业大类，207个工业中类，666个工业小类"的优势，具有最整齐、规模最大、最为完备的工业供应链与全产业链体系，是全世界唯一拥有联合国产业分类中全部细分工业门类的国家。在全球500多种主要工业产品中，已有220多种工业产品在中国的产量居世界第一。在新基建推动下，中国的产业集群正在经历新一轮的升级和发展。高速铁路、核能、新能源汽车、移动支付、人工智能等领域的创新和发展，再一次展现了中国产业集群的巨大潜力。这些新产业集群有强大的竞争优势，也合乎逻辑地伴随了很可观的投资潜力和发展前景。

中国的工业供应链体系不仅全面覆盖了所有工业门类，而且也更积极对接海外市场，加强工业融通。通过积极参与全球产业布局，中国正全力推动产业链供应链高质量发展，释放出更大的发展活力。从生产供给角度看，中国具备承接全球产业转移的能力和条件。在全球化深入发展之中，中国完备的工业门类、产业链配套能力以及超大市场规模，正在匹配"数实融合"的赋能，无疑将成为全球新质生产力发展的坚实支撑。

面对全球经济复杂变化，中国借力科研实力的积累和工业体系的完善，正在优化构筑国内大循环的供给侧基础，同时也是在夯实发展新质生产力的坚实基础。从依赖最初"三来一补"到经过四十余年改革开放正面效应的积累，我国已经在技术创新方面展现出依托转变过程的相当大的竞争力，正插上数字经济翅膀，从"中国制造"迈跃式奔向"中国创造"和"中国智造"的新时代。

在改革开放之初，"三来一补"，即来料加工、来件装配、来样复制和补充出口，曾是我国发展经济、吸纳就业的重要方式。在本土技术力量较薄弱的年代，我国通过大量引进国外成熟的技术，形成生产能力，成功实现"原始积累""经济起飞"和向工业社会的转变。在改革前的发展阶段依靠本土低廉劳动成本和自然资源开发成本的相对优势，与外部世界实现"比较优势"原理可说明的共赢，是必然的明智选择，然而，随着改革开放的深入和发展阶段的升级，我国必然要更为重视自主创新的力量，在比较优势战略遇到天花板的情况下，诉诸追赶—赶超战略。在科研投入方面，我国的研发经费投入呈现快速增长的态势。根据国家统计局数据，2023 年我国研发经费投入达到 3.33 万亿元，占国内生产总值的比例为 2.5%，创下历史新高，如图 5.1 所示。同时，研究人员的数量也在不断增加，为我国的科技创新提供了强大的人力支持。

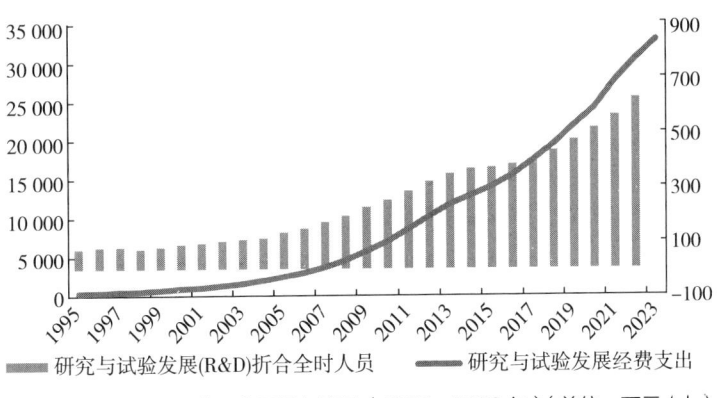

图 5.1　我国研发经费和人员投入情况（1995—2023 年）（单位：万元/人）

研发投入也需要知识产权制度的配合，来促进和保障研发成果及时应用到产业链和供应链上，从而转化为新质生产力。

在知识产权保护方面，我国日益重视并已采取了一系列法律法规和行政措施来保护知识产权，积极推动技术标准的制定和实施，为技术创新和转化提供有力的制度保障。根据国家知识产权局数据，2023年全年，我国授权发明专利92.1万件，发明专利有效量年底达到499.1万件，我国每万人口高价值发明专利拥有量达11.8件，占发明专利有效量的比重超过四成。中国科学技术信息研究所在线公布的《2023年中国科技论文统计报告》显示，我国热点论文世界占比持续增长，各学科最具影响力期刊论文数量首次排在世界第1位，高水平国际期刊论文数量及被引用次数均排在世界第1位，高被引论文数量继续保持世界第2位，世界总量占比提升了3.5%。

科研实力的积累与工业体系的完备作为客观存在，共同强化了我国的自主创新能力，使中国积极迈向以高新技术驱动的"中国创造"和"中国智造"的新时代，更好地满足国内外市场需求，提升国际竞争力。这也是中国实现高质量发展的长远之策，对于国家未来可持续发展，显然拥有深远的战略意义。这些年研发经费的持续增加和研究人员数量的快速增长，更为中国科技创新提供了坚实基础，促进了新质生产力的发展。

中国全面的工业门类和产业链体系，结合"新基建"的推进，不仅加强了国内大循环的供给侧基础，也为全球产业链提供了更多的选择与合作机会。随着中国积极参与经济全球化，其科研实力的积累以及知识产权保护的强化，将进一步促进新质生产力发展，为世界经济增长贡献中国智慧和中国方案。中国的"新基建"项目和产业集群的升级，展现了国家在促进新质生产力发展方面的决心与实力。

第二节　供应链是支持新质生产力发展的血脉

供应链在发展新质生产力过程中发挥重要作用，围绕供应链开展的创新是发展新质生产力的重要支持条件。供应链发展对于构建我国双循环经济体系的重要意义，可表述为构建了发展新质生产力的血脉体系。

（一）发展新质生产力中供应链的角色与作用

供应链在发展新质生产力中，扮演重要角色。其提高生产效率、助力实现生产力跃迁和质变的重要作用，可简要认知如下。

首先，供应链的创新发展是推动新质生产力发展的主要动力源。在新时代的生产环境下，传统的供应链已经不能满足高效、灵活和个性化生产的需要。因此，供应链创新正在成为新质生产力发展的驱动力。这种创新是以先进科技为支撑，实现供应链数字化和智能化，以推动企业和行业实现产业升级。例如，全球电商巨头亚马逊依靠 AI 技术，通过对供应链的精准预测和精细化管理，实现了优化的运作效果。据公开数据，亚马逊因此节约的运营成本高达 20%，并提升了近 30% 的库存周转效率。而在中国，阿里巴巴集团旗下的菜鸟网络，同样利用大数据和 AI 技术，建立了一套高效的智能物流体系。菜鸟网络以大数据分析可以准确预测物流需求，提前布局物流资源，确保物流效率。据报告称，菜鸟网络已经覆盖全球 224 个国家和地区，成功实现了隔天即达的服务，赢得了消费者的广泛认可。这些例子清楚地揭示了供应链创新在推动企业新质生产力发展中的重要作用。供应链创新不仅能够帮助企业更好地应对市场需求变化，提升生产效率、降低生产成本，还可以通过大数据、AI 等技术，使企业更准确地预测市场趋势，及时调整生产计划，从而实现对市场的快速响应。同时，供应链创新还能帮助企业实现供应链可持续发展，实现绿色生产满足社会对环保和绿色发展的需求。对于企业和政策制定者来说，应将供应链创新作为促进新质生产力发展的一项重要工作，推动企业和行业的长期发展。

在当代经济体系中，供应链已经成为连接产品制造全过程的重要纽带。它的管理效率直接影响到生产和运营的效率，从而对企业的整体竞争力产生重要影响。无论是在设计、采购、生产、物流还是销售等各个环节，高效的供应链管理都能保证流程的顺畅和协同，有效降低生产周期，提高供给侧对需求侧的响应速度。同时，通过精细化的库存控制，企业还能在保证供应稳定的同时，实现库存水平优化，在节省仓储成本、提高资金周转效率上具有重要作用。在现实生活中，我们已经可以观察到一些企业成功地通过优化供应链管理而取得显著成效。据全球知名咨询机构麦肯锡的数据显示，优化的供应链操作可以使企业效率提升15%—20%，并且可以提高仓库的存储容量10%—40%。在发展新质生产力观念下，企业将更加重视技术创新、管理创新以及可持续发展，并以此推动生产力的提升。然而，这一切都离不开强大的供应链系统的支撑。一条优化的供应链不仅可以快速响应市场需求变化，支持新产品的研发和上市，同时还能在社会责任等方面进行协同，推动企业以良好社会形象可持续发展。

（二）围绕供应链的创新是发展新质生产力的重要基础

在国际贸易的快速发展中，已构建了全球紧密相连的供应链系统。中国作为"世界工厂"或全球最大的制造基地和第二大经济体，与全球供应链的深度融合，对于构建国内国际双循环格局、推动新质生产力的发展显然至关重要。这种互相联通的网状通道，不断将全球的资源、技术、资本、产品在中国与其他经济体之间"互通有无"和以比较优势原因"互利交换"，滋养着中国经济与世界经济的发展。从贸易数据可以看出，中国在全球供应链中的地位逐年提升。2023年的数据显示，中国在全球贸易供应链中的份额已经达到了24%，相比10年前提升了6个百分点。①这种融入为中国在全球经济中的地位增加了稳定性，也为新质生产力发展提供了必要的全球视角。

在全球供应链背景下，供应链金融作为金融创新的重要方向，可为新质生产力发展提供强大的资金支持。供应链金融基本的运行机理，是市场信誉度高、融资能力强的"核心企业"（通常是大规模的成功企业），以专业化机制和手段为与它相关联的上、下游众多中小微企业增信而赋予它们融资支持。在数字经济发展中，以大数据、云计算等技术为基础的供应链金融服务，可以通过全链条、全周期的供应链管理，大幅降低企业的融资成本，提升企业的经营效率。新型金融技术如区块链、智能合约等被用于优化供应链金融，提高了金融服务的效率，降低了成本。例如，通过区块链技术，供应链金融的交易成本在2019—2023年平均降低了30%。②这些金融创新成为新质生产力的催化剂，促进了资本、人力和技术等资源的高效配置，为新质生产力发展注入了活力。

此外，围绕供应链开展的技术创新是发展新质生产力的引擎和心脏。基于行业痛点，我国企业持续进行以提升供应链透明度、响应速度、柔韧性为目标的创新实践，进一步推动了新质生产力的发展。例如，应用物联网、人工智能等技术优化供

---

① WTO Global Trade Report, 2023.
② Blockchain in Supply Chain Finance Report, 2023 [2024-02-05]. www.exactitudeconsultancy.com.

应链管理，提升生产效率和产品质量；利用新的生产模式如共享经济、平台经济对供应链进行重构，以满足市场个性化、多样化的需求；采用新技术如 AI、数字化、自动化等进行供应链创新，效率可以大大提高。数据显示，2023 年以 AI 为代表的供应链创新，使相关企业提高了 20% 的工作效率。[①]

这些创新正推动并塑造着新质生产力的形态和发展方向。中国融入全球供应链，也给我们展示了新质生产力助推双循环的无比广阔的前景。

（三）发展新质生产力中本土产业链与构建双循环的关系

在全球经济环境的复杂背景下，根植于本土的产业链成为内循环经济的核心动脉。它不仅代表一国的工业实力和市场潜力，更是其经济韧性和长期发展的重要支柱。

中国经过四十多年的改革开放和发展，本土产业链已深深植入国家的市场和社会结构中，推动了产品和服务供给的丰富多样。现代工业时代，已然告别了过往闭门造车的模式，转向全球化的产业链分工。到达公众手中的每件消费品，其背后都有一个庞大的产业网络。从资源的开采到零部件的制造，再到商品的最终包装和销售，一个细小的零件，可能就涉及一个跨

---

① AI in Supply Chain Innovation Report, 2023, Gartner.

越众多企业和地区的庞大供应链。中国的产业链发展并非仅仅是外资、外需推动的结果,更是基于中国自身的历史与社会根基生长出来的。它们作为内循环经济的核心,是具有中国经济独特韧性的根基。当外部的不确定性提升时,内部的确定性就是产业链不惧风雨地深入地底的树根,撼不动、转不走。近年来,因面临更加复杂的外部环境,我们也在重新认识国内制造业对于新质生产力的本土根基意义和作用。

提升国内大循环的比重,并不意味着需要把整条产业链的每个环节都置放于我国境内,更重要的是要发展和壮大产业链中的核心企业和关键环节。这些核心企业和关键环节,可以引领并集聚一大批产业链的上下游企业,形成内循环经济的紧密共生关系。为了维持这种共生关系,我们需要通过扩大内需、优化结构的发展模式来推动经济实现再平衡。此外,掌握关键技术、关键设备和关键物资,也是确保国内产业链循环畅通运转的基础。

在新时代,新质生产力的发展需要更加高效且灵活的供应链。随着供应链技术和模式的不断创新,未来的供应链将更加智能化、网络化,为新质生产力的发展注入新的活力。只有充分重视和积极优化供应链的发展,我们才能在新质生产力的提升过程中获得并保持竞争优势。

第三节　优化供应链促进新质生产力发展的路径

优化供应链管理，应注重以下路径选择。

（一）引入先进科技优化供应链管理

科技驱动下的供应链精细化管理是提升新质生产力的关键之一。随着科技进步，大数据、物联网和人工智能等先进技术成果已经在供应链管理领域中得到了广泛运用。这种科技引领下的供应链精细化管理在重塑我们理解和运用供应链的方式，帮助企业有效提升生产效率，降低运营成本，更好地适应市场变化，从而加速新质生产力的发展。

首先，大数据技术的应用，使企业能够快速、准确地获取大量的市场信息和消费者需求，实现供应链的精准管理。通过实时的数据分析，企业可以获取产品的生产情况、库存水平、销售情况等关键信息，为决策提供数据支持，从而提升生产效率。例如，全球领先的电商平台亚马逊就通过大数据技术，对其数以亿计的消费者购买行为进行分析，预测消费者的需求趋势，从而更准确地安排生产和库存，使得其可以在保持高效运营的同时，满足消费者的个性化需求。

其次，物联网在供应链管理中的应用也日益显著。物联网的特点在于能够实时、无缝地连接和整合制造厂、仓库、物流、零售商以及消费者，构建起完整的供应链网络。以此为基础，企业可以进行实时监控和远程管理，实现生产环节、物流环节等各环节的透明化，从而大幅度降低运营成本。如今，许多制造公司和物流公司，如通用电气、顺丰速运等，都已经利用物联网技术优化了供应链管理。

最后，人工智能技术的发展也为供应链管理带来了革命性的影响。人工智能可以通过机器学习和深度学习，对大量复杂的数据进行智能分析，识别出隐藏在数据中的模式，预测未来的趋势，从而指导企业的决策。此外，人工智能还可以通过自动化流程，减轻人工的工作负担，进一步提升生产效率。比如，以 IBM 的供应链人工智能解决方案 Watson Supply Chain 为例，它通过对大量供应链数据的智能分析和预测，帮助企业识别潜在的供应链风险，提前做出应对策略，从而确保供应链的稳定和高效运行。未来，随着更多的先进技术的发展和应用，我们需要不断推出更高效、更智能的供应链管理方式，进一步推动新质生产力的发展。

（二）构建绿色供应链

在全球范围内，环保和可持续发展已经成为共识，绿色供应链的构建被视为企业实现可持续发展的必要途径。绿色供应链的构建需要企业从发展战略、经营策略、业务操作等各个层面进行深度整合和转型，以确保其操作过程的环保性和可持续性。

首先，对环保、节能产品的优先采购是绿色供应链的关键要义。通过优先挑选那些低碳、环保的产品，企业可以从源头上降低生产经营对环境的影响。这同样包括对原材料和零部件的优先选择。在这个过程中，企业不仅能减少对环境的污染，还能降低成本，提升效率。

其次，执行绿色供应商评估也是构建绿色供应链的重要环节。这意味着，企业必须确保他们的供应商遵守环保法规，实施绿色生产和经营行为。这个过程需要企业进行严格的审查和持续的监管，以确保供应链的每个环节都符合绿色、环保的标准。

最后，建立促进环保的激励机制也极为重要。通过奖励那些实施绿色操作、降低环境影响的供应商，可以进一步推动供应链向绿色转化。这种激励机制可以是财务性的，如提供优惠的采购价格；也可以是非财务性的，如提供业务机会的信息，或者给予公开表彰。

苹果公司就是绿色供应链实践的一个成功案例。苹果公司建立了严格的绿色供应链管理体系，不仅在自身的生产过程中持续减少碳排放，还对其供应商进行严格的环保监管，要求供应商使用绿色的生产方式，减少环境污染。以此作为前提，苹果成功打造了自己的绿色形象，受到全球消费者的广泛认同。绿色供应链的构建被证明是推动企业实现可持续且高效发展的有效方式。对企业来说，在全球范围内推动绿色供应链的建设，不仅是对环保、可持续发展共识的响应，更是对其业务和品牌形象提升、实现经济和环境效益双提升的关键性策略。未来，我们需要持续推动构建绿色供应链，为推动符合新发展理念、可持续发展理念的新质生产力打造坚实基础。

（三）实现透明化供应链

在全球化和数字化的当今社会，供应链管理已经不再是企业内部的单一功能，而是关系到企业整体运营效率、信誉度以及市场响应能力的重要环节。在这个环节中，供应链的透明管理正逐渐成为推动新质生产力发展的重要方面。

首先，透明的供应链管理有助于提升企业的运营效率。当信息流通不准不畅，决策过程中就会存在信息的误读或信息滞后，使得企业无法做出及时且正确的决策。而供应链透明化，保证了信息的及时、准确汇总和流通，在降低风险的同时，提升了企业的运营效率。美国哈佛大学商学院相关研究表明，实施供应链透明化的公司相比于其他企业，其运营效率提升了17%。

其次，供应链的透明管理提升企业的信誉度，从而加强和优化与消费者的联系，这对于从供给侧更好地满足人们更高品质的需求极为重要。在当今市场环境下，消费者越来越关注企业的社会责任表现，包括其对环境、公平贸易等问题的处理。透明的供应链管理将使消费者了解企业的行为，提高企业信誉度。

最后，供应链透明可以更快地响应市场变化，将新质生产力发展的优点最大化。及时获取销售数据，可以使企业快速调整其生产计划，以满足市场需求。此外，通过实时监测和反馈，企业可以及时调整供应链战略，以适应未来市场的变化。例如，耐克在其供应链中引入了实时数据分析系统，大幅提升了其对市场变动的响应速度；宜家、星巴克等企业都通过公开其供应链信息，收到了市场的良好反馈。

总的来说，供应链透明化管理是推动新质生产力发展的一个重要部分。通过加强信息共享，提高管理效率，企业可以应对日益增长的市场挑战，为实现持续、健康发展创造有利条件。面对未来，企业需要更好地利用这一工具，以实现其战略目标，促进新质生产力的发展。

（四）推动供应链协同作业

实现供应链各环节的协同作业，就是要打破每个环节自我为中心和孤岛式独立运作的老旧模式，推动采购、生产、物流和销售等环节的紧密协作，优化整体运作。

首先，协同作业可以显著减少重复的劳动，提高生产效率。当信息在供应链的各个环节之间流通时，所有的参与者都能获取到同样的信息，并基于这些信息来优化他们的决策。这就消除了在不同环节间进行重复劳动的可能性，并大幅提升了整个供应链的效率。美国亚马逊公司正是通过将供应链与销售、服务以及客户关系管理等环节进行深度融合，有效提升了全链条的运作效率。

其次，通过信息共享和资源配置优化，协同作业能够实现供需双方的高效匹配。在这样的环境下，供应链上的每个成员都可以基于实时和准确的需求信息来调整自己的操作。这就避免了供求不平衡带来的库存积压或供应短缺问题，使供应链更加流畅，进一步提升了企业的生产力。比如美国零售巨头沃尔玛，就通过其高效的零售链接系统，实现了供应商与沃尔玛在库存管理上的无缝协作，大幅提升了其供应链效率。

总的来说，供应链各环节的协同作业对于提升企业新质生产力具有十分重要的意义。它有利于提升生产效率，通过信息共享优化资源配置，实现供求双方的高效匹配。因此，构建一条高效、灵活、协同的供应链，是推动新质生产力发展的重要途径。

第六章 新质生产力与绿色发展

第一节 新质生产力和绿色生产力的关系

2024年1月,习近平总书记主持中共中央政治局以扎实推进高质量发展为主题的第十一次集体学习时指出,绿色发展是高质量发展的底色和必然要求,新质生产力本身就是绿色生产力。作为符合新发展理念的先进生产力质态,新质生产力具有高科技、高效能、高质量特征,也必然以创新为依托而促进绿色低碳的可持续发展。

(一)绿色生产力的概念与内涵

绿色生产力是指在资源利用、环境保护和能源消耗等方面与生态环境相协调,并以此为基础实现经济发展的能力。它在减少环境污染、提高资源利用效率和提升企业形象等方面发挥着重要作用,是促进资源节约型、环境友好型可持续发展的新质生产力的题中应有之义。

"新质生产力本身就是绿色生产力"并不代表两个概念的完全等同,但体现了二者之间具有高度一致的指向性。从目标看,我国围绕发展绿色生产力、推动生态文明建设,提出了"双碳目标",即我国于2030年前二氧化碳的排放达到峰值(碳达峰),2060年前力争达到二氧化碳正负抵消的"零排放"(碳中和),这是发展新质生产力、推动高质量发展所要达成的一项重要的战略性目标;以此坚持生态优先、绿色发展之路,既是我国实现能源安全的可持续发展的客观需要,也是我国作为负责任的大国在推进现代化与打造人类命运共同体道路上对于国际社会的庄严职责。

绿色赋能是发展新质生产力的重要一环。新质生产力的绿色底色,可以从构成与影响生产力的不同维度来深入理解,包括使用的要素、生产过程、产品供给等多个方面与环节。一是使用的要素需从源头体现绿色发展要求。在使用绿色能源、绿色低碳标准的原材料和半成品等方面,从投入要素端就充分贯彻新发展理念,注重人与自然的和谐共生。二是生产工艺和生产流程充分贯彻新发展理念,始终要求降低资源消耗与污染,生产过程更加清洁化。三是中间产品和最终消费品的供给贯彻绿色低碳原则。以新能源汽车、低能耗建筑物(综合体)、可降解包装袋(盒)高科技节能耐用消费品等新质生产力的产品供给,均代表着更加绿色、环境友好的消费理念与实施案例,在提高工作效率和消费者用户体验的同时，对环境造成的影响更小，甚至能够有效融入生态环境的循环链条，实现可持续发展而满足人民美好生活需要。

（二）新质生产力与绿色生产力的互动

新质生产力和绿色生产力二者之间存在较强的相互作用关系，具体表现在三个方面：一是互相促进。新质生产力通过技术创新和管理创新，提高了绿色生产力的效率和水平；绿色生产力则为新质生产力提供了可持续发展的环境保障。比如，据国际能源署（IEA）的数据显示，随着科技进步，生产力发展，全球能源效率在过去十年间提高了近30%。这种提升，节约了资源耗用，降低了环境污染，为绿色生产力发挥作用提供了重要的环境保障。二是协同发展。新质生产力和绿色生产力之间，通过协同发展，可以实现经济、社会在环境友好轨道上的共同发展。在实际操作中，新质生产力与绿色生产力往往可以协同，发挥1+1>2的作用。这种协同效应在许多领域都得到了体现，比如新能源汽车产业、建筑节能解决方案等，都有利于经济、社会与环境保护的共同升级发展。三是共同创造新的发展机遇。新质生产力与绿色生产力的融合可以创造出新的市场机遇和商业模式，推动产业转型升级和经济可持续增长。通过新技术的引入、新模式的探索和新市场的开发，两方面的融合可有效推动产业转型升级和经济繁荣，提高经济的竞争力与就业充分度。世界经济论坛最新报告预计，到2030年，全球绿色经济将创造超过6 500万个新的就业机会。

绿色发展，就其要义来讲，是要解决好人与自然和谐共生问题。近些年来，我国绿色发展取得重大成就，经济发展"含金量"和"含绿量"显著提升。2023年，我国生态环境领域"十四五"重大工程台账系统纳入项目1.2万个，完成投资6 000亿元；可再生能源发电装机容量占比过半，历史性超过火电装机；新能源汽车产销两旺，连续9年位居世界第一。绿色低碳转型持续深入，为解决生态环境问题提供了治本之策，有助于加快形成绿色生产方式和生活方式，厚植高质量发展的绿色底色，大幅提高经济绿色化程度，持续增强发展的潜力和后劲。

结合我国能源化工行业案例，以宁东能源基地煤炭液化项目做一观察。从现在看，十多年前下决心建设的宁东能源基地煤炭液化项目，已可说相当成功。《中国化工报》2024年初有一个专版介绍这个项目，在2016年已全负荷运转，2017—2018年进入赢利阶段，还带出一个产业集群。但在下决心的当初看，前景尚不明朗，非常具有挑战性。该项目运营以财务表现衡量的绩效，跟国际油价直接相关，即在双循环里会受到国际方面我们不能直接决定的外部因素的重大影响。但中国自己如果从战略角度考虑，一般而言这种产能不光是在运行方面提供由煤变成燃油这种有效供给，而且同时对应的是中国在国家安全、能源安全方面设想的极端情况之下，这种自主掌握的产能，能够支撑特别不利局面下能源供应实际问题的解决。所以当时经综合研判，认为经过测算可以大致估计国际油价演变情况，在投资之初的几年，估计财政要给一定的减税和补助支持，扛过这样的瓶颈期和压力期。当一个波动期间走完，则可能迎来亏损变赢利的局面。现在看，果然轨迹就是如此。但以后，会不会又出现这一种波动？可能这又是谁也不能排除有可能会出现的情况，但阶段性成果的取得仍然十分值得肯定，并且可以此为认知基础，做更为长远的谋划。

中国新质生产力发展中间，要强调在中国发展的特定阶段受到外部美国于"贸易摩擦"发生以来带头的打压、可能有中央所说要应对意料不到的惊涛骇浪的考虑下，我们要贯彻"守正出奇"战略思维，而对接操作预案和适应性方案的必要性。煤炭的液化，是对接中国基本国情——基础能源方面生产要素供给是"以煤为主"，中央已说清现阶段仍然不能否定这个基础，在此格局下，宁夏东部400万吨煤炭液化制油产能，已明确地说要再翻倍，将把900万吨以上的增量加上去，怎么样处理好？周到考虑，便需要有守正出奇的创新机制。过去已知中国石油领域"三桶油"（三大国资石油央企）的亏损和赢利，是受国际市场油价制约的，那么中国怎样结合这样的制约，既尊重市场、顺应市场、兼容市场，又要超越市场、弥补市场的不足而达到一定的稳定确定性状态呢？财政方面曾经推出了当时称作"石油暴利金"的机制，随国际油价波动，当"几桶油"有明显商业性盈利的时候，要征收这样的暴利金，而在它们亏损的时候，通过规范程序要给它们补助。这不是简单按照商业原则可以确定的一种机制，是从中国总体来说，超越了比较优势战略，对接到追赶—赶超战略而设计的一个总体框架上非常有必要性的"守正出奇"机制，是服务于形成我国长期看的基本能源供应稳定运行和有较大把握的应变能力。这个政策性机制，一定程度上是可借鉴到现在煤炭液化以后谋求的长久运行中的。这对于新质生产力概念下处理好重要行业中的错综复杂的相关问题，也具有一定的代表性和启示意义。

第二节　绿色科技创新是新质生产力的重要方向

发展新质生产力，要求加快绿色科技创新和绿色技术推广应用，发展绿色制造业和服务业、绿色能源产业，以及循环经济。提供更多高环保型的产品和服务。总体看，有利于节能降耗减排治污的支持生态文明建设的技术，都属于绿色技术。具体而言，绿色技术是包括节能环保、清洁生产、清洁能源、生态保护与修复、城乡绿色基础设施、生态农业等领域，涵盖产品设计、生产、消费、回收利用等环节的技术。

（一）新质生产力的代表性绿色技术创新方向

随着环境问题成为全球关注的焦点，新质生产力也从传统的工业生产力结合信息革命的成果向绿色生产力升级转变。新质生产力所代表的绿色技术，包括新能源（如光伏、风能、氢能等）、储能技术、二氧化碳固定技术、污水和固体废弃物处理、微生物农业、人造植物肉等，这些不仅大幅提升生产效率，还在减少环境污染、保护生态系统方面发挥重要作用，为社会经济的可持续发展注入新的动力。

新能源作为绿色生产力的核心组成部分，其快速发展已经显著改变了能源结构。新能源技术如光伏、风能、氢能等，给人们提供了清洁、可再生的能源，相比传统能源开发与利用对环境的影响大幅降低。据国际可再生能源机构（IEREA）最新报告，到 2024 年，全球安装的光伏和风能发电装置将分别达到 8.3 亿千瓦和 6.5 亿千瓦，中国在其中占比最高，已连续多年居第一位。根据国家能源局的数据，2023 年我国光电装机规模已超过 4.7 亿千瓦。另根据 wise voter 的数据，2023 年我国风电装机规模已达 3.3 亿千瓦。

储能技术为稳定新能源供应提供可靠保障。通过储能技术，可在电网供电与发电之间实现平衡，减少电力生产端波动对用电的影响。据 Global Market Insights 统计，到 2024 年，全球储能市场规模将突破 5 000 亿美元。其中以氢能领域为例，据研究机构 Hydrogen Council 预计，到 2050 年，氢能将会满足全球 18% 的能源需求。

另外，二氧化碳固定技术也在向好的方向发展，通过把二氧化碳转化为稳定的化合物或者是有价值的产品，将大大减少温室气体的排放。根据 Market Watch 的数据，预计到 2025 年，全球二氧化碳固定（简称"固碳"）市场规模将达到 1 000 亿美元。

污水与固体废弃物处理技术为环境保护做出了显著贡献。根据 Global Market Insights 的报告，2025 年，全球污水处理市场规模将达到 1 035 亿美元，废弃物处理市场规模也将达到

3 650亿美元。

生物制造，尤其是微生物农业和人造植物肉等创新产业领域，是新质生产力在食品产业的表现。利用微生物农业技术，可提高粮食生产效率，减少化肥、农药等对环境的侵害。人造植物肉的出现则为解决生态破坏、资源浪费提供了崭新的解决方案。根据一份由 Global Market Insights 发布的报告，预计到 2027 年，全球微生物农业市场将达到 104 亿美元。同时，植物肉市场也在飞速增长。据统计，2025 年全球植物肉市场规模将超过 85 亿美元，这在很大程度上也是在供给侧回应消费者对健康和环保的日益重视。

总之，新质生产力在各个领域的发展都有明显的环保倾向，依靠的是科技创新的推动。在未来发展中，通过大力发展新质生产力，助力全球实现可持续发展目标，我们所处的世界将迈向一个更绿色、更具备生态文明的未来。

（二）体现新质生产力绿色底色的代表性产业

在科技飞速发展时代，新的产业不断涌现，传统的产业也在转型升级。新产业如发电与储能、新能源运输工具、二手回收经济、未来食品等正在崭露头角。与此同时，传统产业在资源节约、产品全生命周期的包装与回收、农业肥料替代、沼气利用、养殖循环等方向上也正在接受更新改革。

首先，新的能源产业正在改变我们的生产和生活。全球安装的光伏和风能发电装置正在迅速增长。同时，面对潮涌式到来的电动汽车元年——2023 年，预计新能源运输工具市场将在 2024 年达到 3 600 亿美元规模。①

二手回收经济也在成长，全球二手电子产品市场预计到 2025 年将超过 400 亿美元。②

未来食品领域即将改变我们的饮食习惯。全球人造肉市场预计将在 2025 年达到 85 亿美元。③

在传统产业转型方面，节约资源的趋势日趋明显。到 2030 年，资源效率政策有可能为全球 GDP 带来 2% 的增强，这意味着每年可为经济增加 2 万亿美元。④

全生命周期的产品包装与回收正在得到部署和执行。未来 10 年，全球再生包装市场将从现在的 350 亿美元增长到 600 亿美元。⑤

传统农业也在面临改革，新型肥料如生物肥将在未来取代化肥，在 2023 年达到约 960 亿美元的市场规模。⑥ 沼气作为可再生能源的利用正在扩大，预计到 2024 年全球沼气市场将

---

① 根据 Research And Markets 的报告。
② 根据 Global E-Waste Monitor 的报告。
③ 根据 Research and Markets 的最新报告。
④ 根据 International Resource Panel 的数据。
⑤ 根据 Smithers 的最新报告。
⑥ 根据 Grand View Research 的报告。

达到 106 亿美元。[①] 养殖循环也在发展，如水产养殖的循环养殖系统预计到 2024 年将达到 150 亿美元的市场值。[②]

新产业的崭露和传统产业的绿色转型，将为我们的未来描绘出一个更绿色、更可持续的经济蓝图。在科技与绿色理念的推动下，我们有理由相信，未来的生产与生活将更加和谐、清洁、环保。

---

① 根据 Global Market Insights 的报告。
② 根据 Research And Markets 的报告。

第三节　推动绿色发展的政策保障

推动绿色发展、促进新质生产力形成，既需要促进有效的市场化机制能够充分发挥作用、避免失灵，也需要有为的政府不能缺位，提供充分的政策支持与机制保障。

（一）促进新质生产力、绿色生产力发展的市场化保障

发展新质生产力客观上就是在发展绿色生产力，是践行新发展理念的重要抓手之一。发展新质生产力不仅在于追求技术进步和效率提升，更在于推动绿色生产力的发展。这一理念变革已被广泛认为是践行新发展理念，实现可持续发展的重要抓手之一。然而，要实现这一理念转变，并促进绿色发展，不能仅靠政府的行政指令、倡议以及投资，而且要依靠市场化的内生驱动力，体现社会主义市场经济的制度优势。这也涉及新发展理念下成本核算方式的转变与ESG（环境、社会和公司治理）的兴起。

纵观人类历史，工业进步的确带来了欣欣向荣的经济繁荣，然而，也引发了对生态环境的严重破坏。机制性根源在于，工业化的大生产对于生态破坏带来的庞大环境恢复成本，并未被正确

地计入市场主体的生产成本中，也就形成了成本核算方式和环境代价承担对象的不公平，产生为数不多的经济学所称的"负的外部性（外部社会成本）"的损失。以中国为例，中国生态环境部数据显示，2005年中国科学院生态环境研究中心计算的环境破坏造成的经济损失高达1.3万亿元，占当年GDP的3.1%。

事实上，这种成本的不合理分配，导致了市场机制的失灵，原理分析称为"成本的非对称扭曲"（asymmetrical cost distribution）。一方面，直观的生产成本与产品价格未能反映实际上环境损害的代价，使市场的"无形之手"刺激了生产者的过度开采和过度生产；另一方面，生态环境的破坏成本，并未由生产者或产品的最终消费者来承担，而是由广大的社会成员主要以隐性方式直接或间接地负担，他们受到的身心健康损害与经济损失，并未得到相对应的补偿。

因此，要在新质生产力的发展中加强绿色生产力的发展，达到可持续发展的目标，我们必须在新质生产力的驱动下加强与市场资源配置机制决定性作用相兼容的经济手段调节。这种转变的关键在于对成本补偿方式的改革，其中环保成本的考虑尤为重要，需纳入对接市场机制的制度建设与政策设计。

一方面，对环境产生的成本，应以可行方式计入生产成本中，即"外部成本内部化"以真实反映商品价格。环保成本长期以来被忽视，成为隐形的"外部成本"。据世界银行2019年的数据，环境破坏对全球经济产生的成本高达4.7万亿美元，占全球 GDP 的 6.2%。然而这一数额并未计入商品生产成本，导致商品价格实际上被严重低估。如果将环境成本计入生产成本，商品价格将更真实地反映其生产背后的各种资源消耗和环境代价，过度开采和过度生产行为也将得到自然遏制。具体的操作机制，可以借助环境税体系的调节功能（涉及环境税、资源税、消费税等）。

另一方面，在制定环境政策时，应充分考虑生产地社区居民与生产者之间的环境成本分配问题。对于许多资源丰富的地区而言，粗放的和过度的开采与环境恶化，往往带来严重的社会成本。一项由中国生态环境部和清华大学联合进行的研究显示，2015 年中国空气污染造成的健康损失经济价值达到 1.08 万亿元，约占中国 GDP 的 1.3%。然而，这些成本并未能得到有效分配，结果导致以生产地社区居民为主的社会成员因环境质量低劣而承受不公的代价。若能正确分配这些成本，使生产者为其产生的环境影响付出相应费用，将有助于维护社区居民、社会成员的生态环境权益，并促使生产者从经济利益出发自觉地寻求更环保的生产方式。

总的来说，在新质生产力的推动下发展绿色生产力的重点，在于对接市场机制以可行方式实现成本核算方式的转变。只有真实、公正地反映环境成本，并将其分配给对环境产生不良影响的各方，才能有效地促进实现经济发展与环境保护的平衡，走向可持续发展的道路。只有真正从源头上解决环境保护问题，才能确保我们在发展新质生产力的同时，也在发展绿色生产力。这样，才能真正实现新发展理念中的绿色发展，步入绿色低碳、环境友好的未来。在这个大方向上，以市场主体自律为主的 ESG，也是一个值得重视的绿色发展拉动力量。

（二）促进绿色发展的政府政策引导与保障

政府应通过立法、规划、经济政策等手段，为绿色发展施加引导作用和提供保障条件。例如，通过立法保障环境权益，编制绿色发展规划引导社会经济发展方向，提供税收和补贴等经济激励手段促进绿色技术和产业发展。我国政府已经实施了一系列相关政策保障，如《中华人民共和国节约能源法》规定，企业和公民都要实施节能减排，国家还对节能减排的企业提供税收优惠等政策支持。据统计，自 2006 年该法施行以来，中国的单位 GDP 能耗已下降了 50.2%。

政策的引导与保障虽然重要，但在实践中仍然面临许多挑战，如法规执行的力度不够、技术和资金的限制等。因此，需要在健全和完善立法、规划的同时，继续研究和完善与绿色发展相关的政策，提高政策的科学性和可操作性。

1. 金融政策

2023 年的中央金融工作会议明确指出，为全面建设社主义现代化国家，金融系统要提供高质量服务，其中绿色金融成为建设金融强国的五篇大文章之一。发展绿色金融，不仅是推动绿色发展的金融引领，更是资源配置方面的机制保证。

间接融资方面，银行的信贷政策对绿色金融发展有至关重要的影响。通过提供绿色信贷，银行鼓励环保企业和项目的发展。例如，2023 年，中国绿色信贷余额达 30.08 万亿元，同比增长 36.5%，高于各项贷款增速 26.4 个百分点，占总信贷规模的比例正不断提高。

直接融资方面，股市作为资本市场的重要组成部分，在推动绿色金融发展中也发挥关键作用。通过信息披露制度，企业被鼓励更加关注环保和绿色发展，投资者则能够更清晰地了解企业的环保行为。同时，绿色债券已成为资本市场的一种新型工具，吸引大量资金流向绿色、环保项目。2023 年，中国的绿色债券发行总量达到 1.12 亿元，自 2019 年起即成为全球最大的绿色债券市场。

打击"漂绿"也是需要重视的方面。虽然绿色债券等创新融资工具取得了显著发展，但是"漂绿"现象，即一些公司为了被视为绿色企业而虚假陈述自己的环保行为的情况，也时有发生。对此，监管层应加强信息披露规则的执行，增加对"漂绿"行为的处罚，确保绿色金融市场的公平和透明。

总的来说，绿色金融可通过金融的引领和资源配置，推动环保产业的发展，帮助经济实现高质量发展。未来，金融系统将继续深化服务经济社会发展，特别是通过绿色金融，为全面建设社会主义现代化国家提供更高质量的金融服务。

2. 财政政策

在全球范围内，气候变化与环境负荷已触动广大社会成员的神经，必须采取更为积极有效的行动。在推动绿色低碳发展转型的过程中，财政政策无疑要发挥重要作用。通过合理设计税收制度提高非绿色产品和服务的成本，以专项资金支持减轻绿色产业在发展初期的负担，进而催生该行业的进步和发展，都是财政政策的功能和任务。以下是几种主要的政策手段。

首先，环保税、资源税的设计与调整，可以使非绿色的资源开采行为的成本上升，鼓励绿色能源的使用。例如，我国在 2016 年开始对 13 种矿产资源实行了资源税改革，调整后的税率大幅提升，这无疑是在节制传统化石能源、自然资源的开发，并鼓励绿色能源的发展和自然资源的集约型开发使用。

其次，税收优惠与减免是必要的政策工具，以减轻绿色产业发展的初期负担。例如，美国在 2009 年的经济刺激法案中，对新能源产业给予 30% 的投资税收抵扣；在特斯拉能源汽车发展初期，提供了联邦政府优惠贷款；2019 年，美国联邦政府对电动车购买实施了税收抵扣政策，此举显著推动了电动车市场发展。我国在新能源汽车发展和推广过程中也采取了类似的政府支持政策，目前已成为世界上最大的新能源汽车制造与消费市场。

再次，定向补贴可以直接减轻绿色产业的成本负担。如欧盟对农业生产过程中的环保行为提供补贴，加大了农业环保积极性；定期为研发和采用绿色低碳技术的公司提供定向经济补贴，鼓励企业以研发创新加快绿色产业发展。

最后，优化的财政专项支出安排可进一步促进绿色低碳发展。例如，财政部最新印发的《关于2023年中央和地方预算执行情况与2024年中央和地方预算草案的报告》中提出的一项重要任务，就是以预算支出安排积极稳妥推进碳达峰碳中和工作。

综上所述，通过环境保护税、资源税、税收优惠与减免、定向补贴以及持续优化财政预算支出安排等宏观政策，财政政策在绿色低碳发展中可以发挥重要作用。然而，绿色转型并非一蹴而就的过程，政策的制定与执行也需要逐步调整和动态完善，以适应不断变化的市场环境和阶段性需求，达到真正的绿色、可持续发展。

3.产业政策

产业政策的引领是推动绿色产业发展的需要。在肩负着实现环保目标任务的绿色产业发展中，产业政策发挥着重要的引领作用。绿色产业政策对于推动科技创新、强化知识产权保护，以及实现产业协同，具有政府主体能动性的影响。

首先,产业政策鼓励和支持企业进行绿色科技创新。政府通过专项科研项目资助、税收优惠等手段,为企业进行技术研发提供切实的财政支持。比如在美国,政府为研究和开发绿色技术的科技企业,近些年已提供了高达 200 亿美元的资金支持,为绿色创新打下坚实基础。2023 年,我国中央财政安排的用于支持生态环保和绿色低碳相关产业的资金达 4 640 亿元,用于保障党中央关于生态文明建设的各项任务目标得以实施。预计未来一段时期,我国在扩大内需与供给侧改革统筹结合之中,将继续以积极的财政政策支持生态文明建设和绿色低碳发展。

其次,产业政策通过配合强化知识产权保护,可以为绿色创新营造良好环境。知识产权保护政策不仅促使企业投入更多资源进行技术创新,同时也为新技术的商业化提供了保障。根据欧洲专利局的统计,自 2010 年以来,绿色技术的专利申请数量逐年增长,这与政府强化知识产权保护和鼓励绿色发展的产业政策导向密切相关。

最后,产业政策可以通过提倡产业协同,推动产业链绿色化升级。例如,政府通过引导和规定,可促使不同产业或产业链不同环节的企业进行资源共享和协同创新。国家发改委的相关研究表明,通过产业间协同,中国的钢铁、水泥、电力等行业的能源消耗和碳排放大幅度降低。

综上所述,产业政策在推动绿色产业发展中担任重要角色。未来，各国政府需在绿色产业政策的设计与实施上持续投入，以便更好地引领绿色产业发展，实现环保与经济的双重目标。产业政策虽然引导的大方向容易确定，但具体贯彻机制如何实现优化、有效、高效，却是挑战性的问题。各国政府几乎都重视产业政策，但也不乏失误与低效的教训。在中国社会主义市场经济运行中，产业政策作用的如愿发挥，需特别注重通过财政、货币两大间接调控政策体系的"经济杠杆"政策工具，来实现与市场兼容、对接的合理的差异化调节与引导。

4. 倡导全社会环保意识的舆论宣传

环境保护应成为全社会共识，公众环保意识的提升对于推动绿色发展至关重要。在舆论宣传、科普知识传播中，需鼓励购买和消费绿色产品。同时，企业也应主动承担相应的社会责任。

首先，加强公众环保意识教育是基础性工作。根据联合国环境署的研究，提升公众对气候变化的认知度、增强环保意识，可以有效驱动社会向绿色和可持续发展方向转变。在德国，教育部门将环保教育纳入全民终身学习计划，形成了全社会共同参与的环保教育网络。通过教育和宣传，公众可以明确了解到自身行为对环境的影响，并习得可行的环保实践方法。

其次，企业拥有社会责任，需要更积极地参与到绿色行动中。根据2023年发布的《全球企业社会责任报告》，75%的企业已经有了明确的环保行动策略，并采取措施减少碳排放及其他污染。企业不仅需要满足法规要求，还应更为自觉主动地承担起环保责任，积极减少生产过程中的废弃物，优化生产工艺、减少能源消耗等。

最后，需鼓励大众购买和消费绿色产品。根据尼尔森的一项调查，全球 73% 的消费者都表示愿意为绿色产品付出更高的价格。如果消费者能更多地选择绿色、环保的产品，将无疑对进行绿色生产的公司产生正向激励，进一步推动绿色产业的发展。

总的来说，公众的环保意识、企业的社会责任和消费者的绿色消费选择共同构成了推动绿色发展的重要力量。每一个个体的行动，无论大小，都在为我们的地球家园的清洁化做出贡献。我们应共同以积极的态度持续地努力塑造一个绿色、可持续的人类未来。

第四节　财税政策提升 ESG 表现及助推经济可持续发展

ESG 这一专有名词是联合国全球契约组织（UN Global Compact）2004 年首次正式提出的，包括 Environmental（环境）、Social（社会）和 Governance（治理）。2006 年，联合国负责任投资原则（PRI）组织的报告中对 ESG 包含的具体内容做了进一步的梳理和阐述，倡导将 ESG 准则纳入企业评估，并将 ESG 体系融入投资决策中。其中，E：Environmental（环境），包括气候变化、资源、污染、生物多样性、可持续性等环境相关议题；S：Social（社会），包括职业健康和安全生产、发展与培训、消费者保护、隐私保护、社会贡献等社会性议题；G：Governance（治理），包括公司制度体系、治理结构、经营活动、股权与股东、反垄断等公司治理议题。ESG 投资理念即在选择投资标的时，不仅关注其财务绩效，同时还关注其社会责任的履行，考量其在环境（E）、社会（S）及公司治理（G）等"非财务因素"方面的表现。

（一）提升 ESG 表现仅依靠市场力量恐难达成

污染物排放引起的全球气候变化，已经危及人类经济和社会生活的正常运转。中国在推进现代化建设和构建人类命运共同体的道路上，根据《巴黎协定》，已更新了自主贡献目标，承诺2030年前碳达峰、2060年前碳中和。"双碳目标"倒逼企业重视ESG表现和信息披露。

ESG信息作为非财务信息，反映企业在保护环境、践行社会责任、优化治理方面的行为对相关利益群体的影响，以及对经济可持续发展的贡献。与传统的财务信息相比，ESG不仅关注企业股东的利益最大化，也关注其利益相关方的价值最大化，即企业行为社会价值的最大化。

基于企业披露的ESG信息，投资者可以做出投资决策，金融机构可以决定是否给予企业绿色金融等方面的支持，政府可以决定是否给予企业相关财税政策支持。

一般而言，ESG信息披露评价得分越高，企业的社会价值越高，越有利于其提升市场价值。但是，这种对应性关系也要求有超乎市场力量的传导机制，政府可以运用财税政策，引导资源有效配置，撬动社会资本流向低碳排放、低污染的企业。在这一绿色发展路径中，ESG的表现既可以作为财税政策的操作依据，财税政策的实施也可以提升企业的ESG表现，从而形成正反馈。

"双碳"目标下，绿色可持续发展的核心是能源转型。该转型路径中，低碳技术创新最为关键，而技术创新具有高投入、高风险、不确定性的特点，存在市场失灵的可能性，财税政策则是矫正市场失灵、促进绿色技术创新的重要手段。

例如，新能源汽车研发需要巨额的资金，通过政府投资、政府补贴、贴息贷款、研发费用的税前加计扣除等财税政策，可以引导社会资本积极投入其中。

政府补贴可以增加企业的收入流，税收减免优惠可以增加企业的赢利空间，满足企业作为商品生产经营者的逐利性，驱使和带动更多非政府资金流入财税政策支持的领域。所以，合理的财税政策能够优化公司绿色低碳行为，提高决策效率，也能向社会释放支持绿色发展的政策导向，从而对适应这种调节导向的企业起到增信作用，舒缓其融资约束，拓展多元化的融资渠道。

又如，政府对企业投资节能节水项目所得，实行"三免三减半"的所得税优惠政策，对企业购置并使用的环境保护、节能节水、安全生产等专用设备投资额的10%抵减当年应纳所得税额，不足抵免部分，在以后5个年度结转抵免。这类税收减免优惠政策可以增加企业的赢利空间，促使企业投资相关项目。

整体而言，财税政策作为外生资源，对绿色技术创新发挥作用的机制，是让企业把外生性财税政策内生化，即基于利益引导，促进企业顺应政策方向，积极整合内外部资源，将企业发展目标与社会经济发展目标形成统筹中的利益一致化机制，激励企业提高ESG表现的自觉性，从而实现经济、社会、环境的可持续发展。

（二）财税政策更便于对企业优化ESG表现形成正向激励

政府通过各种政策措施，可以优化企业的投资决策和生产经营行为。ESG是企业投资行为结果的具体反映，基于ESG表现，实施政府补贴、税收减免优惠政策，能够正向刺激企业后续的ESG行为。

一是环保方面，政府增加对环境保护类项目的补贴及税收优惠政策，可以相应增加企业的收入流和赢利空间，激励企业投资环保产业。

同理，政府对低碳行业提供补贴、税收减免，比如，财税政策对企业综合利用资源生产，同时符合国家产业政策的产品取得的收入，减按90%计入当期应税收入。企业生产的产品如符合《资源综合利用企业所得税优惠目录》规定的技术标准，如该目录规定企业处理的再生水的原料100%来源于工矿废水和城镇污水污泥，可享有减按90%计入当期应税收入和增值税即征即退政策，这些都将引导和激励企业的绿色低碳环保发展。

二是社会责任方面，财政制度安排在第二次分配，即再分配领域里的税制设计，可以对接一些特定的税收政策而延伸到第三次分配领域，引导和鼓励企业更积极地从事公益慈善的志愿行为，比如企业与企业员工的公益捐赠、救灾捐款等，可以获得所得税方面的优惠抵减，助益社会共同富裕。

另外，前面提及的 ESG 相关补贴和税收减免优惠政策，使金融机构更愿意向企业提供绿色金融业务，这样既会使企业生产经营满足"双碳目标"的政策要求，向消费者提供安全的商品，同时，企业又因获得政府补助、税收减免及金融机构的扶持，履行环保的社会责任感倍增，能更为积极地回应政府及回馈社会，形成良性循环。

三是公司治理方面，基于 ESG 表现，通过政府补贴、税收减免优惠，给予企业管理层更多可支配的资金资源，激励其更好履行委托代理关系，提高决策效率，改善公司治理结构，以低成本完成能源转型和产业升级，有助于实现所有利益相关者价值最大化。

（三）财税政策推动可持续发展媒介作用的五大维度

财税政策引导资金流向绿色低碳发展和能源转型的路径，客观上十分需要借助 ESG 的实际表现作为操作依据和传导机制。

但现实中，企业出于追逐利润的动机，对 ESG 信息进行虚假披露，过分夸大自身在环境、社会责任方面表现的"漂绿"现象屡见不鲜。例如，声称油漆产品不含甲醛，实则甲醛超标。ESG"漂绿"企业隐瞒环境劣迹，会造成负外部效应扩大，其履责与实际减排路径背道而驰。这种"漂绿"类似于财务报表造假,不仅会诱导投资者做出不利于企业的决策,也会误导消费者购买,侵害公众利益,造成环境污染与大众健康损害。

ESG 表现对财税政策转化为绿色可持续发展的中介传导作用的前提,是 ESG 披露信息的真实性。目前,我国 ESG 信息披露限于上市公司中的环保类企业,而且披露缺乏统一的标准,其使 ESG 评价得分的"含金量"可能大打折扣。鉴于此,运用 ESG 信息披露制度,向财税部门和社会公众公示企业履行环保责任、社会责任及提高公司治理水平的情况,接受监督检验,提高企业履约的透明度,才能更好地发挥财税政策推进可持续发展的功能。

为了更好地发挥 ESG 评分机制在财税政策推动可持续发展上的传导作用,可以从如下五个方面发力。

一是成立具备专业资质的第三方评级机构,对企业披露的 ESG 信息和数据的真实性进行鉴定,以便于投资者、财税管理部门根据客观真实的 ESG 数据做出投资决策和政策支持决定。

二是强制实施重点减排企业的 ESG 信息披露,提高这类企业履行环保及社会责任的透明度,并促使其接受社会监督,使 ESG 披露的相关信息与实际相符。

三是针对不同 ESG 得分的企业,采取差异化、精细化的财税政策,更好地发挥财税支持可持续发展的转化效应。即以更为细致化的可执行方案,加大对 ESG 表现好的企业的财税政策支持力度，更好地形成示范效应，促使更多的企业切实履行好环保和社会责任，推动绿色可持续发展。

四是加强对财税政策效果的评价，及时发现问题，纠正政策设计与执行中的偏差，提升政策功能作用。

五是强化对财税政策支持对象的监督，促使企业按照政策支持的技术标准履行好环保和社会责任，不断优化治理结构，实现利益相关方的价值最大化，从而提升其社会价值。

未来，只有强制ESG信息披露，并对披露的ESG表现真实程度形成有效的监督，投资者才能利用ESG信息形成投资决策。同时，优秀的ESG表现，将使企业获得更多的财税政策支持，进而推动经济、环保、社会协调发展。

第七章　新质生产力与「数实融合」

第一节　理论视角对数字化企业平台的认知：
　　　　从原理到功用

人类工业文明的发展史，也是一部企业成长史，究其根本，在于技术的创造与广泛使用。从蒸汽时代、电气时代到信息时代、数字化时代，经济革命范式都是由技术革命所推动，而由企业的创新所成就。图7.1是在1917年、1967年以及2017年这3个时间节点，美国市值排名前十的企业平台变迁图。从中可看出，数字化与企业平台的有机融合，已在全球范围内成就了一批诸如苹果、谷歌这样的科技巨头，它们作为数字化企业平台，已成为全球经济新的强劲增长点。现阶段，我国经济正处于引领新常态而转向高质量发展的关键阶段，打造新的经济增长点刻不容缓。本章在理论与实践结合视角下以多维度、多层次认知数字化企业平台，提出数字化企业平台分析框架，并主要以美国和中国的典型现实案例，对其框架内的四大区域进行分析,以期总结出有规律性的发展路径,提供可借鉴、可推广的经验以及创新发展思路。

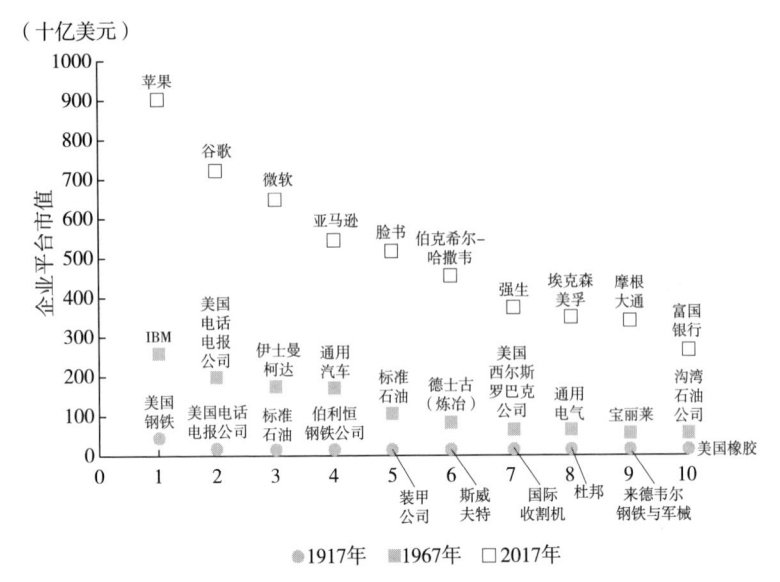

图 7.1 美国市值前十企业平台百年变迁图

数据来源:网络收集。

  经济学视角下描述数字化企业平台,可与均衡、交易成本以及信息等多个概念相结合考察,涉及信息技术革命支撑的资源配置最优模式、妥善制度安排等,而其与数字经济相结合表现出的新兴业态,已突破了传统企业平台概念,是以大数据、云计算等技术创新为依托,融合企业平台原有优势,来引领新的经济增长点和发展的新局面。本节从理论视角描述数字化企业平台,结合其技术特征,提炼其理论层面的认知要领。

（一）理论层面关于数字化企业平台的多视角认知

基于经济学理论描述企业平台的"原理—功用"，不同视角下的认知可概括为以下六个方面。

经济均衡理论中将企业平台视为生产函数，聚焦于寻找供需双方通过市场匹配达到满足最优资源配置条件的交易均衡结果；交易成本理论下企业平台的概念起源于降低交易费用的需要，发展为某一较完善的制度安排；新兴古典经济学分工理论层面使企业平台与分工问题紧密联系，旨在于人类社会劳动分工中交易结构的演变中揭示资源配置优化机制；信息经济理论聚焦解决企业平台存在的逆向选择、道德风险等问题；新供给经济学体系强调认识企业平台的发展脉络需观察供给侧技术要素与制度的"跃迁"；经济社会学可从社会网络角度入手，通过改善其连通性情况，促进企业平台的发展。

（二）关于数字化企业平台认知要领的两项概括

理论的多视角有助于我们较为全面地认识数字化企业平台的产生、发展以及特性等，正确把握其内涵与外延。在现实经济生活中，这类企业平台具有一个共同特征，即数字技术引发了其利润数量级的跃升。超高利润的数字化企业平台又引发了学界、政策制定者以及社会大众的广泛关注。除了上述对企业平台不同视角的理论认识以外，可着眼于"数字化"这一技术特征，及其与企业平台的有机融合，考察其颇值得肯定的创新之处。在此笔者试提炼其可由经济价值上升为社会价值的两方面认知要领。

一是"非竞争性"生产要素的培育。均衡理论视角下生产要素应全部归于供给侧，而依据新供给经济学观察供给侧的研究思路可知，引发经济增长"元动力"属性的供给侧创新源于供给适应性响应需求的过程，而诱发这一响应过程并非供给侧的全部生产要素，而首先是具有特定性质的要素在传导过程中引起了关键效果，并且这一类要素有其共有的性质——非竞争性，此概念可追溯至萨缪尔森等人对公共物品的观察，总结出其消费可为全体社会成员所共享，并且难以确定其交易价格等特征，由此，非竞争性概括为可被不同主体共同使用、难以公开市场定价且具有迭代质变效应。鉴于此，对数字化企业平台的认识起点可从数字技术成为"非竞争性"生产要素参与生产活动开始：数字技术从通信、计算等单一功能，发展为解决贫困、打破时空限制实现供需远程匹配、帮扶社会弱势群体，最终实现全民共赢共享的核心赋能模式。

二是"包容性"制度供给。交易成本理论层面将企业平台视作某一妥善的制度安排，而分工视角下亦为某一深度参与分工的交易结构，其核心均为制度。阿西莫格鲁在《国家为什么会失败》一书中提出了制度二分的方法，与攫取性制度相对应，就经济层面来说，包容性经济制度聚焦于构建以市场为主导的资源配置方式，生产者收益归参与生产活动的社会成员所有，具有较高的生产性激励。以此，可将前述妥善制度安排、深度参与分工的交易结构，经济社会学中极具连通性的企业平台，以及信息经济学中解决企业平台信息不对称、不完备的配置手段均归纳为包容性制度供给。以新供给经济学框架认识数字技术与企业平台的融合过程，可知其正是以典型的供给侧成功创新，成为全要素生产率概念下的乘数驱动机制，有望为中国现代化过程中超常规战略发展的实施，做出非同一般的贡献。面对数字化企业平台日新月异的发展，理应强化制度的供给分析，力求在从供给适应性响应需求的路径中，更好地完善制度"包容性"的动力体系。

第二节 实践视角对企业平台的认知：从传统到数字化

按人类经济社会发展史的划分，第一种文明形态是农耕文明，历经石器、青铜以及铁器等时代，尚未呈现企业平台的雏形。英国光荣革命之后，人类社会迈入工业文明，随着蒸汽、电气以及信息化渗入人类生产生活，在现实实践中企业平台伴随着技术而诞生与发展。沿着"传统—数字化"的脉络，可观察到不同阶段的技术特征使得企业平台也蕴含着不同的经济社会价值。

（一）沿着产业革命考察企业平台的经济社会价值变迁

产业革命始于18世纪60年代的英国，其标志性技术产物为蒸汽机，使人类从农耕文明迈入工业文明时代。土地、劳动力等传统生产要素与机器这一新生产要素升级结合，显著提高了生产率。从英国机械大工业时代的发展来看，标准化、组件化的工厂流水生产线带来了规模生产效益，并形成了传统企业平台——机械化生产工厂，其经济价值主要反映在其生产方式上初级的标准化与规模化。但受限于地理、运输等客观条件，其规模效应有限，供需市场的交易成本较高，并且"童工"等现象也凸显了当时资本主义生产方式的剥削性，所以社会层面对其价值评价取向在很大程度上是否定的。

19世纪中叶，以美欧为代表的西方国家以电气技术发展推动第二次产业革命，促使经济持续增长。此时，具有一定"非竞争性"的科技外溢效应更多地作为独立生产要素进入生产活动，形成以此要素为中心的初级数字化企业平台，如手机出现之前的通信工具——电话的新供给能力，具有远程语音通话的单一功能。但当手机出现并较快发展到智能手机阶段后，企业平台也升级到数字化平台的新境界。与传统平台相比，初级数字化企业平台已产生新的价值变迁，随着新生产要素在生产活动中从辅助发展为独立作用，基于生产力的提升改善了社会生产关系，形成交易成本降低、供给与需求对接范围扩大以及有效利用过剩产能等经济社会价值。

20世纪90年代，信息技术革命在美国硅谷引领潮流后席卷全球，至此进入"新经济"时代，观察"新经济"的生产活动：一方面，以"信息+"（升级至"互联网+"，又升级至"人工智能+"……）其他生产要素投入的经济组织模式构建出高级数字化平台，信息作为一种生产要素愈显独立地进入人类生产活动；另一方面，包容性制度供给也渗入高级数字化企业平台。与传统平台、初级数字化平台相比，高级数字化企业平台产生的新价值变迁，在于创造了新的经济增长范式，即技术与制度互构式升级推动经济增长。

（二）引申：实践层面对数字化企业平台的认知要领

沿着产业革命实践考察企业平台的成长脉络，不难发现，技术逐步从渗入到决定性地参与人类生产活动的过程，恰恰折射出企业平台从传统到数字化的发展路径，并且其经济社会价值也随之发展。而在这一过程中，企业平台本身作为技术的创新者、使用者，与技术的建构过程也至关重要。有鉴于此，笔者试从实践中引申数字化企业平台的认知要领。

一是内生技术的宏观创新及其正的外溢性。在经济增长研究中，基于最大化获利机会的假设，保罗·罗默等人认为对创新的需求源于理解技术变化的过程，并将技术进步作为经济增长方程中的自变量，认为是企业有目的地长期投资新技术而产生了规模报酬递增的经济效益。以此理论联系产业革命实践可知，不论是蒸汽机、电车、电话，还是自然资源钻探器、微型计算机以及手机，其本质均为技术创新的产物，并且这样的技术创新直接决定掌握技术的企业平台产生出规模报酬递增的经济效益。但并非所有的内生技术创新产物都能带来"普惠"于全社会的经济效益，究其缘由，或可将技术变化进一步细化为宏观创新与微观创新，前者指的是彻底的创新，如电力、计算机技术，其产业结果表现为改变大规模的生产力与生产关系；

后者一般是指引进新型号的现有产品，其产业结果表现为提高了个别产品的生产效率、降低成本等。鉴于此，我们可将内生技术的宏观创新，理解为企业平台有目的的长期投资引致的宏观创新技术，将直接决定着其规模递增的经济效益，实现从传统企业平台发展至数字化企业平台。以此思路认知数字化企业平台，数字技术具备内生技术的宏观创新性的关键，在于其核心技术——大数据的正外溢性，并且呈现出工业化进程的质变，创造了一个与现实世界相互联系的数字化虚拟世界，形成生产力与生产关系的又一次革命性进展的宏观创新，由此改变人类的生产生活方式。

二是技术与企业平台的互动建构模式。琼·伍德沃德在技术与组织的互动视角下建立了基于技术型模式的企业生产管理理论，并提出一对因果关系问题，即技术对企业平台的建构或者企业平台对技术的建构，强调的是彼此的互动关系。具体考察，其含义可以理解为：一方面，技术对企业平台的建构可视为新技术引领了企业平台发展的组织模式；另一方面，企业平台对技术的建构则可视为在企业平台中广泛使用新技术而使之成型、成熟。考察产业革命，亦可发现技术与企业平台的互构式发展，既有跃迁的质变时间段，也有长期的平稳时间段。一般来说，在产业平稳时期，更多体现出企业平台对技术进行建构，大量企业仅为技术的使用者，以此扩大产值获得利润；在产业跃迁质变时期，更多体现出技术对企业平台进行建构，部分企业成为具有宏观创新的内生新技术生产者，并且彼此进行市场竞争，通过产品与服务的交易实现技术的市场选择，依靠新技术的宏观创新与广泛使用获得高额利润。假如我们认为机械化技术曾对工厂发展进行了建构并随之展开双方的互动，那么现阶段数字化红利的时代必将是人工智能、大数据等技术构建升级的企业平台的双方互动，关键的新动力在于已出现了部分企业平台建构不同于以前工业时代的技术模式。如今的数字化企业平台因数字化技术创新的支撑和物流运输、人类社会网络等其他配套因素的涌现，十分明显地表现出其上述两方互动匹配的机制而有了新的产业文明时代特征。

第三节 理论抽象范式：数字化企业平台分析框架的提出

基于理论与实践结合认知企业平台，可提炼出数字化企业平台四点认知要领："非竞争性"生产要素培育、内生技术的宏观创新、包容性制度构建以及技术与企业平台相得益彰建构特性。为了便于比较、分析与观察全球范围内数字化企业平台现实案例的成功经验以及发展路径，我们尝试借鉴数学中双轴坐标图特征，将技术对企业平台的建构性、制度的包容性高低程度分别作为上下横轴，将内生技术的宏观创新、生产要素的非竞争性高低程度作为左右纵轴，抽象出理论化的数字化企业平台分析框架，如图7.2所示。

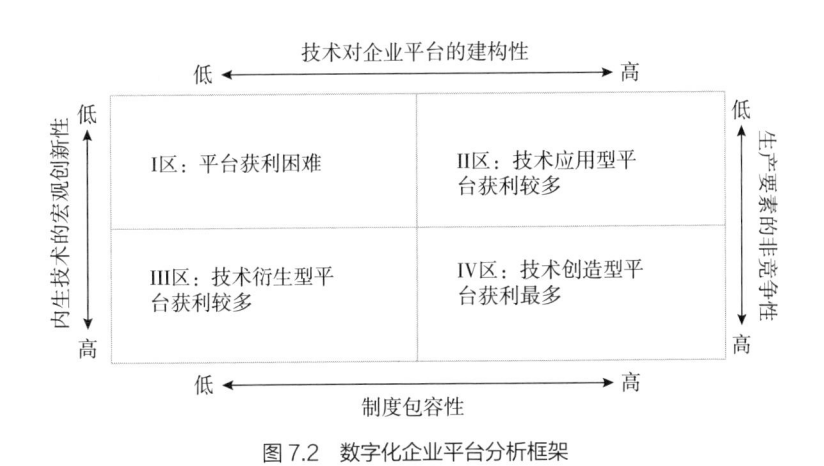

图7.2 数字化企业平台分析框架

在此分析框架中，基于理论视角与产业革命实践视角提炼出的数字化企业平台四点认知要领，将全球数字化企业平台按其对应特征归类划分为四个区域，分别为：第 I 区域，企业平台获利困难，其特征为制度的包容性与技术对企业平台的建构性较低、内生技术的宏观创新性与生产要素的非竞争性亦较低；第 II 区域，技术应用型企业（即主要为技术的使用者）获利较多，其特征为制度的包容性和技术对企业平台的建构性均较高，但内生技术的宏观创新性和生产要素的非竞争性却均较低；第 III 区域，技术衍生型企业平台（即在核心技术使用者的基础上成功地衍生创新了一些具有附加性、辅助性以及改善性的新技术）获利较多，此类企业平台特征为制度的包容性与技术对企业平台的建构性较低、内生技术的宏观创新性与生产要素的非竞争性却较高；第 IV 区域，技术创造型企业平台（即核心技术的生产者、引领者以及第一应用推广者）获利最多，此类企业平台特征为制度的包容性与技术对企业平台的建构性较高、内生技术的宏观创新性与生产要素的非竞争性亦较高。

第四节 案例考察：从分析框架看美国数字化企业平台成功经验

数字化企业平台在当下的全球范围内，已经不是仅仅停留在纸面上的蓝图或者理论，而是已经蓬勃发展的经济实践。因此，本文基于前面提出的数字化企业平台分析框架，采用静态分析方法观察和初步分析美国案例，以期总结出可供我国借鉴的经验原则。

在资本市场上广大投资者根据预期"用脚投票"形成的上市公司市值排序，在百年间有图 7.1 所示的显著变化。1917 年时前十位排名的，全是实体经济的大企业；1967 年时，却是"半导体"概念下的 IBM 跃升为第一；至 2017 年，遥遥领先居前五位的，则全是数字经济平台企业巨头（头部企业）了。这十分鲜明而直观地展示了"数字经济"的异军突起和引领发展全局的独占鳌头。

（一）静态分析：美国数字化企业平台的案例

随着美国"新经济"时代到来，硅谷等地形成了一批依托互联网技术发展而来的引领全球科技红利的数字化企业平台，主要典型代表可举出亚马逊、爱彼迎以及脸书，如表7.1所示，这类数字化企业平台引领科技浪潮后又历经10余年，已逐步发展为全球科技巨头。

表7.1 美国数字化企业平台案例简介

名称	类型	成立时间	主营业务	"数字化"特征
亚马逊	零售百货	1995年	互联网图书销售	互联网技术与传统图书业融合
爱彼迎	短租住房	2008年	房屋出租与旅游资讯交换	联通闲置资源与消费需求
脸书	人际社交	2004年	互联网社交	人际交往"全球化""虚拟化"

基于笔者提出的数字化企业平台分析框架，可初步判断亚马逊、爱彼迎等企业均可归为技术创造型企业平台，处于第IV区域。理论联系实践，笔者再逐一剖析其成功要素。

首先，从亚马逊初始发展历程来看，全球最大的零售数字化企业平台源于书的售卖。理论层面分析：第一，以交易成本理论观察，图书得以被贝佐斯选中的首要原因是其形式的标准化与规模化有利于交易借助非现场的网上方式展开。与在实体书店进行交易相比，图书本身的标准化使得消费者选择图书的行为无差异，互联网技术作为独立的"非竞争性"生产要素参与到图书销售环节，极具规模效益，虽然于亚马逊而言，仅仅是架起了消费者与生产者之间的桥梁，但正是因此，图书交易成本因技术的发展而明显降低；第二，以经济均衡理论观察，亚马逊在进一步与互联网技术结合发展的过程中，对图书的推介采用了市场自由交易的竞争均衡原则，相比实体书店人工挑选年度最佳图书的模式，亚马逊包容性的图书管理制度安排，核心在于在为消费者提供海量图书选择的基础上，通过付费阅读交易量来进行图书的"优胜劣汰"，让读者寻找到最佳读物。这种模式下的流量效应与精准匹配功能，更好地改善了图书服务的"用户体验"。

其次，从爱彼迎商业运营本质来看，它是一家自身并未拥有房产，但却能开展海量并极具长尾效应的住房租赁服务的平台公司。从理论层面分析：第一，以制度视角观察，爱彼迎重新设计了旅游短租住房的行业制度，形成了极具包容性、参与性的制度安排，大大降低了原有要素的准入门槛，使得大量分散的拥有住房闲置资源的社会成员以生产者身份加入酒店经营业务；第二，基于新供给观察供给有效响应需求的路径，在爱彼迎所搭建的短租服务平台上，酒店经营者的角色可适时改变，每一个酒店经营者既可以是"房东"身份，也可以是"住客"身份，这种灵活、合意的角色转化机制，实质上呈现了"新供给特性"，可以供需之间良性互动、加大服务可得性与选择性，进而形成供给竞争中的比较优势，释放新的民营经济增长潜力。

最后，从脸书连接全球近 20 亿用户体量来看，地理位置、种族性别、国家、宗教以及意识形态等原来先天性的隔离屏障,发展至今,正被脸书一类的社交平台一一打破,社会网络连通性的加强,从物质到情感,最后还会升华为"地球村"精神。从理论层面分析:第一,以经济社会学理论考察,人类社会社交网络应归属于社会学范畴的社会网状连接问题,由"节点""边""结构""动态"等要素构成社会网络诸层级,其核心在于连通性。脸书所构造的社会网络模型的连通性程度,关联社交信息的流动状态,不同于即时通信工具,其所构建的是与现实人际交流社会相比更为便捷、更加平面化的网络人际交流社会;第二,从包容性制度构建角度来看,脸书超越聚友网(Myspace)的关键在于开发者平台的诞生,即把自己变成了一个其他人可在上面构筑应用程序的软件开发平台,这意味着有了"包容性"数字基础设施的雏形搭建。移动互联网时代,脸书的首页列举了六种社会网络连通的方式:信息流、即时聊天、个人主页、照片分享、群聊与搜索功能,种种连通性的实质为"以人为本",如脸书提供了分享照片中人的标注功能,并且将照片中的人像与该用户的脸书账号相关联,可选择性地加深社交网络并十分便捷地提升其密度。

(二)美国数字化企业平台的四方面经验原则

考察美国上述四类数字化企业平台在分析框架Ⅳ区域内的具体特征,可将其实践经验原则总结为四个具体方面。第一，即时即地原则。如爱彼迎这样的案例，均指向了供需市场中交易时间与空间的"一体化"，包括海量选择后的即时支付功能更便于调动消费的潜在动机，从而提升消费市场景气度，互不相识、相隔万里的旅行者与房东，因爱彼迎所提供的线上形成短租服务契约，打破了空间限制，显著提升了便捷程度与选择空间，加大了服务密度。第二，有效网络生态原则。脸书、亚马逊等都构建了自身的网络生态圈，这种圈层不仅将人与人、物与物之间连接起来，更是将人与人的供需相互对接与融合，进而可构建万物互联互通的虚实结合世界。第三，社会性产业原则。此类企业平台的发展目标均是依托于自己的数字基础设施，以其网络生态圈形成深度社会性产业，顺应普罗群众的从众心理，掌握技术的行业引领者可正向引导形成产业聚集。第四，便捷服务原则。案例代表的实践表明，当数字技术融合于实体产业中直观的简单产品时，较易达到目标，如亚马逊的突破在于选择了标准化、规模化的图书作为数字技术的突破口，并以此便捷服务模式经验扩大覆盖面至更多供给品；另外三种案例也无一不很好地体现了以便捷服务提升"用户体验"的鲜明特点。

第五节　中国数字化企业平台可探寻路径

据国家统计局官方数据，中国改革开放40余年，经济总量已达99.09万亿元，稳居世界第二，但中国人口约14亿人，人均值仍处于发展中经济体，并且经济增速已从14.2%下滑至6.1%，乃至更低状态。2020年初疫情冲击后，中国经济增长面临前所未有的压力，在传统经济增长方式乏力的前提下，亟须探寻能够引发中国经济新增长点的领域，在配套改革中实现新旧动力转换后的高质量发展。进一步打造具有中国特色的数字化企业平台，可成为实现中国经济转型升级、高质量发展的举足轻重的新模式。鉴于此，基于本文所提出的数字化企业平台分析框架，对照美国四类成功案例，通过动态分析方法，结合分析框架中的四大区域，以及我国数字化企业平台发展存在跃迁式与渐进式"两种收敛"与"三条路径"，可总结出我国平台发展应遵循渐进式收敛的第三条路径。

（一）我国华为、OFO等数字化企业平台发展的动态分析

如图7.3所示，本文提出的分析框架的四大区域内，数字化企业平台发展路径共有两种类型的收敛方式：一类是"跃迁

式"发展收敛路径（路径一），另一类是"渐进式"发展收敛路径（路径二、路径三）。所谓"跃迁式"收敛，即从发展路径来看，是直接从Ⅰ区跃迁至Ⅳ区，这样的方式往往是技术与制度均发生革命性的颠覆。所谓"渐进式"收敛，往往不是通过革命性的技术与制度颠覆，而是通过两步走来实现。对应分析框架本身，是指或从Ⅰ区过渡到Ⅱ区，最终到Ⅳ区，或从Ⅰ区过渡到Ⅲ区，最终到Ⅳ区。

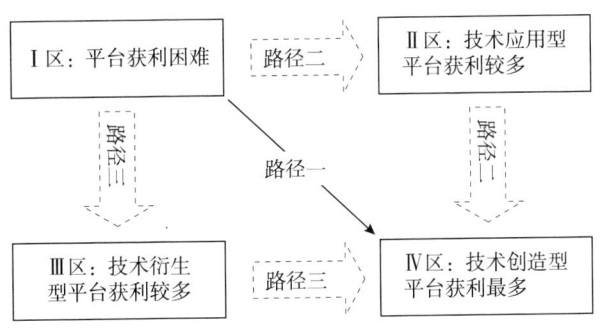

```
┌──────────────┐   路径二   ┌──────────────┐
│ Ⅰ区：平台获利困难 │ ─ ─ ─ ─ ▷ │ Ⅱ区：技术应用型 │
│              │           │ 平台获利较多    │
└──────┬───────┘           └──────┬───────┘
       │  路径一                    │ 路径二
    路径三                          │
       ▽           路径三          ▽
┌──────────────┐           ┌──────────────┐
│ Ⅲ区：技术衍生   │ ─ ─ ─ ─ ▷ │ Ⅳ区：技术创造型 │
│ 型平台获利较多  │           │ 平台获利最多    │
└──────────────┘           └──────────────┘
```

图 7.3　分析框架内数字化企业平台发展路径

上述两类收敛方式对应数字化企业平台发展的三条路径中，"渐进式"收敛的两条路径起点均为Ⅰ区域，其特点是企业平台获利困难，而以这一区域为起点观察企业平台分步骤达到技术创造型企业平台获利最多的特征，要么在包容性制度条件下选择高密度技术长期模仿、跟随，享受引领者的技术红利，要么从技术层面选择从模仿到赶超的模式，两者都势必需要持续经历一些困难阻滞，如独裁制的初创公司治理，如图 7.3，前者对应路径二，后者对应路径三。

（二）"跃迁式"路径

路径一：从Ⅰ区直接到Ⅳ区。这条路径属于"跃迁式"路径，也就是在短时间内实现技术突破与制度颠覆性改变，其后获得持续高利润。但这种方式很难实现。这一路径确实是全球范围内许多初创数字化企业平台最倾向于选择的方式，究其原因，一方面，企业平台发展的最终目标是明确的，均想成为如脸书、亚马逊等类型的技术创造型平台；另一方面，获利困难的企业平台往往也会意识到自身高度依赖低端技术模仿等问题带来的利润不足、难以持续经营。因此，将其目标直接定位为进入Ⅳ区，但实践过程中失败率极高。在我国2000年前后互联网创业初期，凡客诚品是这方面的反面案例。初创时高度模仿亚马逊的成功模式，但仅仅依靠现有的互联网技术红利，凡客诚品从定位为自主品牌服装扩大至拖把、菜刀等品类众多的普通商品销售，从技术层面来看，毫无技术衍生与创造，以致要素投入中同业竞争性较强、交易成本较高；从制度层面来看，单纯模仿的经营模式是攫取性的，供需通道不畅通，现实表现是品类失控，产品大量积压而破产。

（三）"模仿—发展式"路径

路径二：从Ⅰ区过渡到Ⅱ区，最终收敛到Ⅳ区。这意味着某一企业平台可能从获利困难,发展至技术应用型平台的较易获利状态,最终成长至技术创造型企业平台。其中,能过渡发展成为技术应用型平台,在于有经济发展的时代红利,不少初创公司由此被称为"风口上的猪",但由于短期内技术应用型企业获利较多,技术创造激励严重不足,往往此类平台较难进一步发展为技术创造型企业平台。近年来,在我国众多的数字化企业平台中,OFO 小黄车从盛极一时到法院查封、冻结资产的发展过程,恰恰是路径二中过渡期间发展失败的典型例子。OFO 诞生于 2014 年,模仿亚马逊等全球顶尖互联网科技巨头公司对传统商品的改造行为,将几乎已被人们遗忘的交通工具——自行车与互联网技术相结合,成为解决本土居民出行便捷化问题的共享单车。2015 年,OFO 进入飞速发展时期,已成功连接 1 000 万辆共享单车,但 3 年之后,因拖欠、失信消费者等问题,陷入平台崩盘困局。从路径二考察,上述情况正是 OFO 作为互联网技术的应用者在享受时代技术红利之后,未衍生出可与竞争者一决高下的新技术,加之扩张操之过急,很快陷入与摩拜等众多公司的同业竞争而失利。

(四)"追赶—超越式"路径

路径三:从 I 区过渡到 III 区,最终收敛到 IV 区。其路径含义是,获利困难的企业平台选择重点投入技术开发,从模仿到追赶，逐步成为技术衍生型企业平台，适当容忍一些制度缺陷，接着在掌握一定自主研发技术的基础上，改善公司治理，从追赶到超越，最终发展为技术创造型企业平台，即全球产业链的引领者。观察我国的企业平台，华为——作为通信类数字化企业平台的发展轨迹十分接近路径三。创立于1987年的华为，至今历时30余年，成为全球领先的ICT基础设施与智能终端的供应商之一。20世纪90年代初，初创阶段的华为将通信领域的技术划分为三个层次，包括已被外国科技巨头公司所垄断的技术壁垒高大的核心芯片开发（如CDMA芯片）、技术难度较低的非核心芯片研制，以及低成本的"板级开发"，在此时期，华为没有一味执着于"自主研发"，而是将后两种类型作为主攻方向，并且花费千万美元向IBM购入产品集成开发和集成供应链模式。从分工理论来看，深度参与全球产业链、享受技术时代红利，正是华为前半期逐步发展为技术衍生型企业平台的关键步伐，即从I区向III区的发展过程。现阶段，华为依托已较强大的资金支撑力和高度重视科技研发的战略，顺应移动通信技术的快速迭代，与谷歌、亚马逊等国际互联网科技巨头依托平台收敛于IV区域的发展路径不同，着力打造万物互联互通平台生态，努力向IV区域收敛。在这一过程中，其有两个方面值得思考。一是全产业链的技术创新。现阶段我国通信领域的技术突破焦点为5G关键技术和产品的"中国制造"，需要打造完整自主研发的产业链，但目前以华为为代表的通信类数字化企业平台，其所需的 SAW 滤波器和 BAW 滤波器等涉及通信过程中信号基站及终端机供应的关键中间产品，被美国高通（Qualcomm）、日本村田（Murata）等公司完全垄断最重要的核心部件——芯片，虽已启动了"备胎"，但还有待在全球竞争环境中尽快求得市场化成功。二是上市与否和企业创始人的传承，一直是华为受到广为关注的制度议题。依靠公司创始人的声誉与威望为核心构建的公司治理模式，在初期、中期较为高效，但从长期来看，一旦初创人员退出经营后，制度风险有可能骤然上升，因此，依靠包容制衡性的公司治理制度实现企业顺利传承，也是华为今后亟须解决的又一问题。

（五）我国数字化企业平台发展路径的启示

基于数字化企业平台分析框架及其四大区域的发展轨迹，结合美国与我国典型的企业平台所对应的区域及其发展路径，可得初期阶段我国数字化企业平台的发展启示。第一，作为后发的新兴市场经济体，我国数字化企业平台的发展轨迹均为模仿、追赶而争取超越、最后引领的分阶段过程。从分析框架中四大区域内的发展路径来看，起点均为获利较少的初期，终点目标则为获利最多的技术创造型平台，而其可能的三条实现路径中，路径一忽略了追赶和超越的阶段，直接从模仿跳跃至引领，过于理想化；路径二将模仿式应用阶段过度拉长不易凝聚赶超动能；路径三在全视角下展示了获利困难的企业平台通过技术模仿至技术赶超，先成为获利较多的技术衍生型企业，再进一步通过制度变革促技术创新、实现技术超越，甚至引领，最终成为获利最多的技术创造型企业。一般而言，路径三更为适合我国数字化企业平台发展的轨迹。因为，从理论上来看，这是以技术突破促进制度变迁，制度变迁再刺激技术创新，从而创造了新经济的发展范式逻辑联结环环相扣，相对容易把握，而且从实践上看，我国成功的头部企业案例如华为，均为此类发展轨迹。第二，以全产业链技术自主创新为核心，配套包容性制度供给，是我国数字化企业平台发展最终将收敛于IV区的方法论。由华为的案例分析可知，从III区最终收敛至IV区的关键之处，就在于突破以美国、日本为首的部分通信中间设备供应商"卡脖子"的技术壁垒并在核心部件芯片上实现市场化成功，以及构建更为稳定传承、制度化的公司治理模式，这些虽然都有难度，但相比而言路线清晰，值得期待。

第六节　支持数字化企业平台发展思路和要领探讨

展望今后，中国的现代化赶超任重道远。我国经济追赶期维持超常规经济增长的关键，在于新技术创新带动的新经济增长范式。基于前面所提出的分析框架以及其四大区域内亚马逊等美国案例的成功经验，观察我国数字化企业平台未来的发展路径，不难发现关键在于以制度和政策支持全产业链技术突破为核心、配套构建包容性制度，有序推动我国数字化企业平台收敛于更优的"第Ⅳ区域"。为此，特提出支持我国数字化企业平台发展的如下思路与要领。

基本思路：在供给侧结构性改革主线上，以"有效市场＋有为、有限政府"的资源配置机制，"守正出奇"地实现以一批数字化企业平台公司为领军者，拉动总体产业升级，"中国智造"进程的中国"和平崛起"的现代化。

特别值得强调的要领有以下几点。

（一）以占领新经济制高点为战略目标，助力"新基建"有效投资

2020年第一季度，在国内新型冠状病毒感染疫情与国际

金融动荡、市场低迷的双重冲击之下，中央明确强调了有别于以"铁公机"为主的传统投资拉动经济方式的以5G、数据中心、人工智能和产业互联网、物联网等为代表的"新基建"概念。与传统投资相比，新基建最直接的表现是具有与数字化新经济、新业态紧密结合的高科技含量，强调的是以硬件与软件结合形成新的供给，引出新动能、新服务、用户体验提升和新消费。与以政府为主体的传统投资相比，具有高科技特性的新基建最佳主体，正是以华为等为代表的我国数字化企业平台。借鉴前文通过理论抽象方法提出的数字化企业平台分析框架思路，选择渐进式收敛的第三条路径发展至第IV区域，是我国数字化企业平台历经模仿、追赶而求超越以及最终实现引领的最佳路径。在这一过程中，一方面，政府投资可通过政府债务资金、产业基金、PPP等多种形式引导数字化企业平台向着技术衍生型、技术创造型的平台特征发展，有效助力数字基础设施建设；另一方面，政府投资应加大具有长期经济效益的涉及"卡脖子"的关键技术研发条件建设，协力打造全产业链技术创新攻关，加快培育全球领先的科技型数字化企业平台。

（二）在打造高标准法治化营商环境中实现包容性制度构建

对接我国数字化企业平台的发展路径，其包容性制度构建为关键问题。宏观层面的实质性转轨可理解为营商环境以"高标准法治化"实现优化,具体规则最为概括的表述是形成企业界"法无禁止即可为"的"负面清单",使市场主体进入"海阔凭鱼跃,天高任鸟飞"的活力充沛状态,同时配之以政府方"法无授权不可为"的"正面清单",并且配之以"有权必有责"的问责制"责任清单",切实保障市场公平竞争,创造公平有序的高标准法治化营商环境,是对于包容性制度构建的最大贡献。民营企业与国有企业等不同所有制企业的公平竞争,即实现竞争中性,意味着政府所采取的所有行动对所有企业间的竞争影响是中性的,这是适应市场经济客观要求的有效制度优化设计的基本立场。对于新兴经济业态——以民企为主流的数字化平台,不应在所有制上贴标签、"戴帽子"、区别对待,持续放宽市场准入,实行统一的市场负面清单管理。深化改革的推进过程,也应是中国经济在高质量轨道上再次起飞的过程,政府在"过紧日子"的前提下,通过降低准入门槛、简政放权以及保障市场公平竞争的监管执法等有效举措,要办成我国数字化企业平台放手发展、拼搏奋斗、超越世界一流水平的"大事"。

(三)提升财税支持政策质量,注重时机与幅度的同步

数字化企业平台沿"渐进式"收敛的第三条路径发展至第

IV 区域的过程中，财税政策以税费优惠、政府采购等传统财税政策和财政贴息贷款、信用担保、政府产业基金、PPP 等新机制多管齐下，体现政府在充分尊重市场机制决定性作用前提下，更好地发挥作用的"有所作为"。需注重政策的时机与幅度的合理化，一方面，避免财税政策支持产生挤出效应，并充分发挥税收调节作用，切实规范各类平台有序公平竞争的市场秩序；另一方面，"扶上马送一程"的财税政策手段可以是初创平台孵化期、成熟平台升阶期的核心助力，政府采购也可成为较好的成熟期数字化平台开发的政策支持手段。支持数字化企业平台的升阶发展，有利于发挥初具规模的数字化企业平台以技术创新汇集资源的特点，带动社会普惠经济效应。因此，应注重在良好时机与合适幅度的前提下运用适当的政策组合工具，支持、引导数字化平台更好地成长和充分发挥具有社会普惠效应的经济价值。

第七节　新时代中国在"微笑曲线"上的位移：从中国制造到中国创造、中国智造

在实际生活中，使中国缩小和发达经济体的距离，实现高质量发展，一定要从数实融合这个概念上，抓住数字经济的产业化、产业经济的数字化。那么当下，在扩大内需和作为现代化主线的供给侧结构性改革的结合方面，我们要抓住中央给出的"有效投资"方面的基本概念，即新基建。新基建就是支持数字经济发展的硬件基础设施中的代表性工程，已有一系列的会议和文件给出了这方面的具体指导，它可以细分为七大领域，从 5G 到数字化特高压输变电系统，再到城际高速铁路和城轨交通系统数字化的建设开发，最后到数字化紧密伴随的新能源汽车充电桩系统，还有大数据中心、人工智能中心与产业互联网，这是很清晰的战略部署。

在数实融合这个领域中，要特别注意，一般经验表明："互联网+""人工智能+"的创新成功率是相当低的，但少数成功者、冲到了前沿的数字平台头部企业具有的直观的所谓寡头垄断特征，却明显区别于过去我们关于寡头垄断的概念——它们不是形成寡头垄断地位以后去压制其他企业的创新，在发展方面形成惰性，而是要带动上游、下游为数极为巨大的中小

微企业，形成全产业链供应链，形成产业集群，那么这种少数头部企业冲过痛苦"烧钱"阶段瓶颈期而一飞冲天以后，带来的是全局皆活的局面。当然，这个过程中，我们也不可否认，事情不可能十全十美，我国在前面一段的长足发展之后，又经历了头部企业的整改，现在中央给出的信号非常清晰："完成整改"，要进一步抖擞精神，在创业创新发展过程中要升级，而且要带出一批"绿灯"项目，要进一步贯彻好中央重量级的支持民营企业发展壮大的多项文件。

在这种基于大数据、云计算、区块链、元宇宙、人工智能等创新发展的过程中，我们要做的就是以数字经济和实体经济的融合，把"中国制造"向"中国创造"和"中国智能制造"上推。如果直观地看，我们可以看到有一个"微笑曲线"可以表示这样一种升级，如图7.4所示。

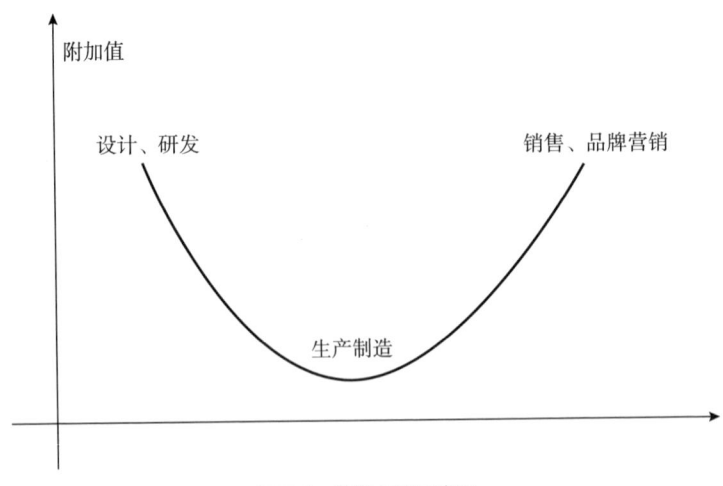

图7.4 微笑曲线示意图

第七章　新质生产力与"数实融合"

中国现在虽然是世界工厂，但是大而不强，其主要的产能是落在"微笑曲线"的中间位置。"微笑曲线"的左端是创意创新成功形成有影响力的品牌，右端是品牌营销、售后服务、市场拓展，中间是成规模的加工——我们主要的产能，落在这个中间段上。这当然是我们作为后发经济体的切入点，但是升级发展的客观环境要求我们，要继续调动全要素生产率，调动我们的一切潜力活力，把越来越多的产能推到左右高端去。比如，中国过去在儿童玩具方面早已提供了全球85%以上的份额，但是迟迟没有叫得响的本土品牌，大家想到的仍然可能是外国的芭比娃娃、乐高积木。说到手机，全中国使用者，现在应该讲是10亿以上的人使用智能手机，但是引领最前沿潮流的是苹果手机（新近华为的进展是令人振奋的，有重大的突破，高端芯片被专家评价为至少是从0到1，至于进一步缩小与最前沿水平的差距，那是在1的基础上，再经过三到五年的努力才有希望达到）。现在总体来说，在全球产能方面，我们更多的还是对智能手机进行加工，比如郑州那边的厂区，曾是三十多万人三班倒24小时连轴转生产苹果手机和其他苹果公司制品。而今后我们的希望是什么？已经有阶段性的升级案例，比如，汽车赛道上，广汽过去生产日本具有知识产权的广本，口碑很好，但那是在日本掌握左右高端收益的情况下适应市场需要的选择，后来，广汽"引进消化吸收再创新"，推出了自己有完全自主知识产权的产品系列，其中一款广汽传祺，前几年在市场上有很好的表现，每年可以卖出几十万辆。如果能稳定这个相对优势，就会有一个战略性的提升：它可以考虑以跨国公司的新框架，把生产线迁到越南去，而牢牢掌握住左右的高端收益。它的这个模式就很像特斯拉了——特斯拉在中国上海这边建厂，取得了成功，在新能源汽车赛道上扭亏为盈，现在要把这个模式复制到南美，复制到欧洲。我们做这种比喻，当然仅仅是比喻而已，但是可以看到，像广汽采取的这种"走出去"模式，不就是在解决很多年前珠三角的"腾笼换鸟"问题吗？在数字经济赋能、加持的情况下，头部企业对于整个经济的升级发展，一定会发挥非常重要的影响、辐射、带动和支持作用，"数实融合"将是创新的主潮流。

从中国的成长性和主观努力相结合来看，只要我们坚定不移地贯彻改革开放大政方针和党的基本路线，整个中国大有可为！当下，我们不否认有不愉快的因素，需要以高标准法治化营商环境，结合政府各个辖区的发展，进一步动态完善高水平的现代化战略顶层设计，从中央到地方，以创新发展为第一动力，守正创新，守正出奇，把有效市场和有为政府、有限政府的概念结合好，激励政产学研金创新团队打开新局面，在要以新型举国体制攻关突破的像芯片、航空发动机这样的"卡脖子"领域里，打通"华山一条路"；同时，我们还是要在双循环这个框架之下拥抱全球化，以内循环为主体，更好地掌握自己的主导因素，而同时绝不放弃外循环，形成内外循环相互促进。在具体的发展过程中，新经济的发展，数字经济数实融合的发展，还需要进一步高水平对外开放，注意吸引风投、创投、天使投资，注意在地方辖区里已经有初步经验的孵化器、创业园区、连片综合开发等的支持。在大家越来越看重大数据、云计算、区块链、人工智能、元宇宙等概念，并且努力实施重点突破的过程中，政府也应积极探讨以产业引导基金，支持重点的企业和企业联合攻关。这些大有可为的事情，我们要一起发力，万众一心，按照现代化的目标，充分调动中国的潜力和活力，锐意进取，行稳致远。

第八章 新质生产力与中国式现代化

第一节　非竞争性要素、新动能与新质生产力

随着经济发展进入新阶段，不同生产要素在社会生产过程中所发挥的作用有所转变和调整。本章基于前述已有的研究基础对非竞争性及非竞争性要素的界定，更为深入地观察分析新时期的要素结构及其作用机理。

(一) 非竞争性及非竞争性要素

非竞争性这一概念曾出现在诸多经济学研究文献中。宏观研究层面，非竞争性是财政学中关于公共物品特征之一的表述，又称为非对抗性或非争夺性等，源于萨缪尔森（1954）对公共物品的首次定义。萨缪尔森认为，公共物品具有非竞争性，表现在一个社会成员的消费并不影响其他人对该物品的消费，即增加消费者的边际成本为零。在萨缪尔森思想的基础

上，马斯格雷夫提出，公共物品的界定标准还应包括非排他性。他认为，如果公共物品具有非竞争性，增加一单位消费也不会导致成本增加，那么为使社会福利最大化，就不应该将任何人排除在外，即非排他性的提出是从社会福利总水平角度考量，而不是物品在技术上是否具有可排他性。正因如此，非排他性也常被视为非竞争性的派生属性。可以看出，在对公共物品的界定上，非竞争性强调的是"消费使用"，而非排他性强调是"福利受益"。如天气预报，所有人可以无条件地同时使用其信息而不对任何人造成影响。一个物品具有非竞争性，也可能是排他性的，如某主体拥有专利权的药品配方，他人可以使用，但是专利有效期内必须支付一定价格的使用费；又如公共道路的基本定位是非竞争、非排他的，但当道路出现拥堵时，却会实际出现排他性，为有序处理这种矛盾，可考虑加入交通高峰时段或易拥堵路段的通行费制度来寻求平衡机制。

微观研究层面，非竞争性更多地被用来解释企业的存在及其利润来源。奈特认为，企业经营的本质是处理不确定性的过程，企业家对不确定性的判断能力是企业存在异质性的关键所在，也是企业获取利润的决定性因素。这种能力具有稀缺性和不对称性，难以通过市场交易定价，因此具有非竞争性。科斯对此质疑，如果判断是可能的，那么对企业家才能的判断也是可能的，这就意味着企业家才能完全可以通过市场交易定价，即存在竞争性。然而，科斯的反驳忽略了判断的抽象性，这种特性使得其难以具体表达为完全的合约形式。不同于奈特和科斯的研究，艾迪斯·潘罗斯认为，企业的核心能力具有内生性，是企业成员在组织内相互作用的动态结果，具有独特性和整体性，这种特性决定了其难以在公开市场定价，因此是非竞争性的。

通过对相关研究的梳理可以看出，对于非竞争性的概念判断，不同的研究领域具有不同的侧重点。概括而言，非竞争性主要包含两个层面的含义：一是具有可共享性，可以同时被不同主体共同使用；二是具有一定的抽象性，且难以通过市场交易定价。

生产要素是社会生活中供给回应需求而形成经济运行的基本构成部分，不同时期关于生产要素性质的界定和理解，推动着经济学研究向前发展。

从理论上看，传统的土地、劳动力和资本要素，一旦被用于一种活动，就不能被用于另外的他种活动，且这些要素较易通过市场交易定价，因此属于竞争性要素。如劳动力，工人从事了某项工作，必然会减少从事其他工作的时间，其劳动价值也较易在公开市场上通过工资报酬的形式予以定价。而共享技术和制度等要素，本质上是知识型要素和公共物品型要素，可以在任意领域的活动中自由传播和非排他地存在，一方使用的同时不妨碍另一方使用，同时由于其抽象性，难以通过交易进行定价，因此属于非竞争性要素。以制度要素为例，其作用范围覆盖处于该制度下的全体社会成员，具有明显的共享性，且无法通过公开市场定价交易，因此是非竞争性要素。

从数理模型层面看，自索洛模型提出之后，关于要素报酬递减还是递增的讨论便不绝于耳。索洛模型中依赖于技术进步的长期经济增长和条件收敛都是以要素收益递减趋势的假设为前提的。但是引入知识要素之后，报酬递减性质就会被突破，原因就在于知识具有非竞争性且具有经济外部性。基于此，内生增长理论突破了新古典增长理论的完全竞争框架，将技术进步内生化引入增长模型中。罗默侧重于从中间产品种类的增多来理解技术进步的内生性，即横向创新；而阿洪和豪伊特基于熊彼特提出的"破坏性创新"思想，构造了一个内生增长模型，其中增长的源泉是产品质量的提升，即纵向创新。较为一致的是，罗默模型和阿洪-豪伊特模型都认为，技术的进步是通过市场机制来驱动的。由此可见，市场机制作为引发技术进步的内生性因素，其作用也早已形成学者们的关注与肯定。

（二）非竞争性要素具有"质变"特性

基于以上分析，从经济增长的角度来看，不同于资本、人力等竞争性要素，共享技术与制度是非竞争性的，而非竞争性要素与竞争性要素本质上具有不同特性，主要体现在非竞争性要素具有"质变"的特性。

从微观层面来看，企业的建立和运行需要一定份额的资本（ΔK）和人力（ΔL），而企业扩张中建立新实体，则需要追加一定份额的资本和人力，且资本和人力都是很难在不同实体企业之间共享的，这是由资本和人力要素的竞争性决定的；与此同时，企业的建立和运行中拥有某种技术（T）和制度（I），企业扩建中建立新实体，只需复制原有技术和制度，且若不人为地设立壁垒，技术和制度是完全可以实现在不同实体企业之间共享的，这是技术和制度非竞争性的体现。可见，对于竞争性要素，经济建模是很容易处理的，它们具有随规模变化的特征，并能够沿着时间轨迹获取连续数据。而技术和制度的变化则有所不同，一方面，技术和制度具有一定的抽象性，难以量化进入经济模型；另一方面，这些非竞争性要素对生产活动的影响不具有工整的投入产出比，不会像竞争性要素那样随规模

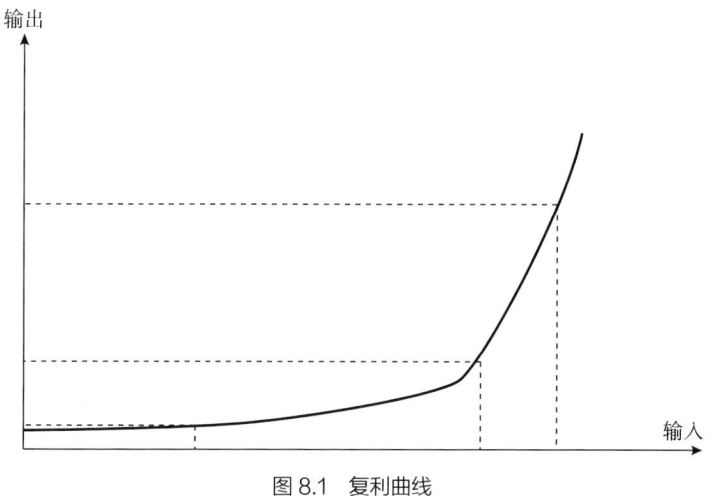

图 8.1 复利曲线

发生变化。从实践经验来看，制度和共享技术等非竞争性要素对产出的影响过程往往呈现一个复利曲线的变化趋势。质变转折点之前是漫长平缓的积累期，转折点之后才会迎来生产效率的指数级增长。

从宏观层面来看，虽然资本和人力投入的确是经济增长的重要因素，但由于资本严格遵循边际收益递减规律，宏观经济能够保持长期经济增长的主要原因显然是技术和制度优化带来的增长因素。然而，技术和制度要素是很容易被忽略的，主要原因有两个：一是与政治因素相结合，资本和人力要素显然能够更快地在宏观经济层面显现出来，在短期内相对更容易受到决策层的关注；二是从难易程度上来看，技术和制度要素推动经济增长的过程显然更具有攻坚克难的特点。以制度为例，由于经济制度不具有可分性和流动性，在一定时期内处于相对稳定的状态。在一种生产关系赖以依存的生产力未达成熟时，它不会出现；在一种生产关系所能容纳的生产力发挥殆尽之前，它不会灭亡。因此，对其作用的关注必须放在较长的时间维度上做观察。同时，从纵向角度理解，人力和资本等要素产出率的提升，归根结底需要依靠技术和制度的驱动来完成。

如上所述，如果对非竞争性要素的特性做个总结，那么不难得出"质变"这一特性。因此，分析技术和制度为主要代表的非竞争性要素的"质变"特性，更加有助于完善经济建模。所谓"质变"特性，实际上包括两个方面：一方面，非竞争性要素在量变过程中未达质变临界之时,很难对经济增长发挥作用,最为典型的例子就是专利等发明创造的数量实际上并不能推动经济增长,只有量变到一定程度而出现产业化的质变,成果真正实现转化,才能实现对经济增长的推动作用;另一方面,非竞争性要素虽然往往在漫长的量变过程中不能对经济增长产生直接的推动作用,但却是一个必经过程,无论质变的到来或早或晚,都无法逾越技术和制度变迁前期酝酿中的量变过程,在历经量变过程后一旦实现质变,对经济增长产生的直接推动作用将是带有革命性特征的。

(三)非竞争性要素是支持升级发展新动能的核心

经济发展新动能的"新"是一个相对概念,有别于旧动能。从阶段转换来看,经济发展质量的提升和经济增长速度的改变,将取决于经济发展的新动能。与旧动能相比,经济发展新动能对经济的支撑力会有一个触及临界点的突发后从弱到强、从小到大的过程,遂成为经济发展的主要驱动力。每一个时期的经济发展新动能都是具体的,就我国现阶段经济发展而言,新动能主要特指在告别粗放型高速发展状态后,保持一定的中高速经济增长速度基础之上的集约型经济增长质量提升的动力源。经济增长的提升可有多维表现供观察,包括宏观运行更趋于稳定、供给体系更符合数字化新经济要求、经济结构更符合打破二元结构及实现三产比例优化的方向、收入分配和社会结构更趋合理、要素效率更趋高水平，等等。而要实现这些向高质量发展转换，培育经济发展新动能，制度与共享技术等非竞争性要素是关键所在。

新动能的表现形态之一是要素利用效率的提升。后发优势使得落后国家或地区可以在劣势基础上实现经济高速增长，工业化、城镇化、信息化、市场化、国际化叠加，可激活大量闲置资源，给这些国家或地区带来前所未有的经济与社会生活改善，但这种质量改善是一种较低层次的标准，其边际效应也会下降。

新动能的表现形态之二是要素组合效率的提升。随着时间推移，各类要素投入的边际效应下降，而且要素难以无限供给，这样就需要第二个动力，即要素组合效率。要素组合效率包括两个方面：一是要素集聚产生的规模效率提高，例如一些产业园区规模化集聚的劳动、土地、资金等带来的规模经济效应；二是要素在不同部门间流动带来的配置效率提高，例如劳动力、资金等从落后的传统产业如农业流向现代产业部门（工业或现代服务业），或是要素从低生产率部门流向高生产率部门，更为现代化的和更高生产率部门的要素组合，会产生更大的产出与增加值，这就会提升经济总体的产出与增加值。

新动能的表现形态之三是要素质量效率的提升。随着市场体系的完善，要素组合效率的边际效应也会下降，这就需要第三个动力，即要素质量效率。要素质量既包括各类要素质量，也包括要素组合的质量。从资本的角度看，人力资本、物质资本、知识资本、土地资本、社会资本、生态资本等都有质量高低之分，高质量意味着高效率，例如更高教育水平的劳动者队伍，更高技术含量的物质资本，更高水平的知识体系，单位土地投入带来更高的产出或附加值，更加和谐和更具诚信的社会资本，更可持续的生态环境体系，这些资本或要素的质量提高，都有助于经济发展质量提高。

提升要素利用效率和要素组合效率对经济制度提出了更高的要求。制度是人们在不断交易中形成的规则固化，其作用在于为个体的行动提供一定的方向指引与规则带来的可预期性。僵化低效的旧有制度会对要素优化配置形成一种禁锢，使得生产力发展中经济越来越难以迸发应有的活力。有效的制度则实际解决的是生产关系适应和解放生产力的问题，能够提供合理的分配与有力的激励机制，降低交易成本，激发微观主体的积极性，提高资源配置效率。制度要允许新要素对旧有要素的渗透、改造和利用，而不是完全弃旧迎新。如果一国政府可以顺应客观规律，不断完善市场制度体系，让要素得以实现最优组合，那么要素组合效率会有较大的动态提高，这个过程往往伴随着经济结构变化和经济较快增长。

要素质量提高是经济发展质量的高阶状态，而技术进步是要素质量提高的必要前提。无论是引进新的技术、改进已有技术还是大面积推广新技术替代旧技术等，这些都会带来技术进步，扩大经济动能的边界。需要强调的是，技术进步需要成功的创新来支撑，全面的创新不仅涉及技术本身，而且需包括企业的创新、市场的创新和政府制度的创新，即技术进步需要从微观、中观和宏观三个层面全方位优化制度供给，创造有利于创新技术萌生、发展的制度土壤与环境条件。经验证明，只有从技术和制度入手，提高非竞争性要素的供给质量，才能掌握"先发优势"，这对于后发经济体最终摆脱跟在发达国家后面依靠模仿发展生产的追赶姿态，真正掌握经济增长的主动权，尤为重要。当下，经济发展已经从对"物"的关注转到对"人"的关注，传统生产要素中的资本、自然资源由于其竞争性的特点，对生产率提升的贡献是边际递减和有限的。而依托于人力资本得以发挥其潜力的制度和技术要素则蕴含无限的开拓空间。发挥好非竞争性要素的作用，对于培育新动能和发展新经济，具有极其重要的意义，对于迫切需要发展新质生产力以推进现代化"追赶—赶超"进程的中国，这必然引出制度创新的"最大红利"认识。

第二节 在改革深水区进一步"解放生产力"是可带来"最大红利"的"关键一招"

中国的工业化在走到"世界工厂"状态后,实际上是要从"中国制造"向"中国创造""中国智能制造"升级,实际上就是要从工业化的中期、中后期走向后期,走向高科技化。看主观的方面,当然是要聚焦于"做好自己的事情"。我们必须在改革的深水区攻坚克难,进一步解放生产力,这关系到能不能如愿地来释放全要素生产率的潜力。制度创新必须与科技创新、管理创新和思想观念的创新有机结合。中国伴随前述客观的工业化和城镇化成长,就必须加上我们力行高水平的市场化、国际化、信息化和法治民主化,这样才能够真正顺应人类文明发展主潮流共性的客观规律,同时又把握好中国特色现代化的特性,使中国的增长动能不断地形成和释放,来实现事关民族国家全局的现代化"中心任务"战略目标。

如果从学理的角度来看"生产力"这个概念,正如唯物史观所给出的对于生产力作用的看法:生产力是决定社会经济发展、生产关系和社会制度、上层建筑演变的最根本的决定性因素。

生产力是在处理人和自然的关系,这时,必然又伴随衍生人和人之间的关系，即人类社会的生产关系，并必定会形成一定的制度形式，这种生产关系的总和，按照唯物史观的学理表述，正是由它形成社会的经济基础，这个经济基础又决定着社会的上层建筑，即这种生产关系制度安排内在地决定上升到国家机器、政治、宗教、法律、文化、艺术等上层建筑的形态。在现实生活中，这一切当然有非常丰富的内容，但是如果深究所有这些大千世界里丰富多彩的种种社会生活现象，决定它们的发展演变的最底层、最根本的原因，还是在于生产力——它处理的首先是人们结成社会而要生存，要在自然界中取得维护生存和支持发展的资源，进而就必须结成生产关系，引发制度安排，再依经济基础生发上层建筑。

如果从历史上做个简要回顾，按照现在科学界的一般认识，人类至少已经有了一个脱离动物界之后约200万年的发展过程。在人类曾有过的漫长原始阶段，特定的社会生产力如何？最初作为原始人群存在的这个状态之下，社会生产力的概念就有其对应性了，因为已有人类社会了。那时劳动者、劳动对象、劳动工具三个方面的组合落到一种必然由自然分工决定的运行状态。人类社会成员里边有男性女性之别，自然地决定着可以轻易区别开的两类人的合作：男性肌肉比较发达，他们更适合去狩猎，而女性由于生理原因，更适合于带孩子和从事体力上轻松一些的采集。这就是所谓最开始的人类社会生产力的状态，这些原始人群以此能够生存下来。

在漫长的历史过程中，农业革命出现了，这是生产力方面非常值得肯定的进步。到了约 1 万年前，原始人群开始有了一套种植经验，通过农作物的种植能相对稳定地、可预期地取得满足人类社会成员生存的基本食物供给。农业革命使生产力上了一个大台阶，人类的生存前所未有地得到了相对而言显著升级的保障条件。

再往后要特别提到的生产力的又一次跃升，是 18 世纪中叶由英国开始，距今也就 200 多年的工业革命，它带来了生产力的解放。在马克思和恩格斯的评价中，这种跟资产阶级的统治概念相伴随着的大发展，使生产力在总量上超过了人类历史上过去所有时代的总和。这就表现在人类社会在工业革命发生之后，满足社会再生产和社会成员生活需要的有效供给能力，空前且极大地提高了。

伴随着从地理大发现一直推展到现在整个人类社会在"全球化"的地球村里共享一个产业链的状态，已越来越普遍地表现为人类文明发展中，生产力层面的创新发展，支撑着所有的民族国家。各个经济体在努力争取处理好人和自然关系的同时，使不同人群、各个民族之间，也处理好人际关系，寻求和平发展。实际上有一个生产力再次跃升支撑的重要背景情况，是越来越多的生产力进步因素，促成了在 20 世纪的后半叶，从半导体概念切入，再往后对接到七八十年代以后率先在发达经济体里积极创新和成长的互联网概念，又引发信息革命，迅速地把人类社会带入了"数量化生存"而有望走向"共享经济"的新技术革命与新经济时代。中国奋起直追谋求实现现代化和中华民族伟大复兴的改革开放新时期，正对接了这一可以由生产力创新而"摒弃你输我赢的旧思维"，并且争取中国自身的"和平崛起"与打造"人类命运共同体"相契合的崭新时代。

互联网概念于 20 世纪 90 年代在中国大陆开始被人们越来越多地认知。人们积极地加入了"互联网+"创新的大潮，拥抱了生产力又上一个大台阶的信息革命时代。千年之变后，我们更感觉到发展升级的特点是日新月异，现在人们受到震撼而广泛谈论的，已是大模型支撑着的"人工智能+"的创新。这种处理人和自然界关系的生产力，体现在投入产出生产过程中，学理上的解释，正是本书前面已论述的以供给侧多种要素的起伏结合，动态地形成满足人类需要的有效供给。信息革命在使这种供给能力又上了一个大台阶的同时，也正在深刻地影响着"生产关系"概念下的制度安排，即供给侧非竞争性的制度要素。

人的需求是分层次的。从生存开始，要进一步追求温饱，追求有更丰富生活内容合在一起的小康、发展、享受，以及要有更多更丰富的随物质文明发展的精神文明、制度文明（政治文明）要素的发展，使其更多体现在应使整个人类社会共享发展成就之中。中国的改革开放，如邓小平一言以蔽之，是以"生产关系的自我革命"解放生产力，从而可以大踏步地跟上时代，为中华民族谋复兴，也为全中国人民和全世界人民谋幸福。改革开放后，"黄金发展期"带来的"中国奇迹"，雄辩地证明了以制度变革中兴利除弊推进经济社会转轨而建设高水平社会主义市场经济体制的制度要素创新，是可带来"最大红利"的现代化"关键一招"（习近平总书记语）。事物具有波浪式发展的规律性，才有黄金发展期而来的"矛盾凸显期"，也正是中国改革到了必须"啃硬骨头"而攻坚克难"深水区"的表现，在现代化伟业"行百里者半九十"爬坡过坎的历史性考验面前，我们必须清楚地认知"全要素生产率"概念中的本书所分析的制度作为非竞争性要素的关键性意义——它是民族复兴中纲举目张的"纲"。坚定不移地推进实质性的改革，就是为了进一步解放生产力，打开新质生产力充分发挥作用的空间。过去国内曾有人提出过"生产力过剩"这个概念，学理上讲这是不成立的：生产力的发展总是在为人类社会提供所谓"正能量（正面效应）"永远不存在"过剩"的问题，但生产确实存在过剩的问题。一方面，生产力越是蓬勃发展，越有利于人类社会福祉的实现，它不存在过剩不过剩这样一个界限；另一方面，如果社会生产力出现了"生产过剩"，某些产能与产品供过于求，那么一定是和经济结构的失衡、相关联的很多矛盾有待解决这种现实问题联系在一起的。高度重视"生产过剩"问题的解决，也一定会与优化制度安排，即优化生产关系唇齿相依。

第三节　创新发展作为"第一动力"的逻辑内容

提出新质生产力的背景，正是我国所处的推进现代化必须以创新发展作为第一动力实现高质量发展这个历史过程。从基础理论层面来做相关的理解，至少还可强调两大视角来做更多的展开，考察分析认识这一有关"新质"的表述。

（一）两大视角："阶跃式"发展、供给侧创新

第一个视角，是人类于供给侧创新中所形成的所谓"阶跃式"发展，带来的是具备质变特征的生产力新水平、新境界。这对应的显然正是新质生产力的概念表述。如果说哲学上讲量变为质，那么生产力的量变如果在曲线上来描绘，不是一个平滑的由左边比较低往右边比较高的在直角坐标系里的表现，而是总体来说确实左边低右边高，但是一个一个上台阶表现出来的阶梯形曲线，学术上把它称为"阶跃曲线"。

在大的划分上，我们可以说，前面提到的工业革命时代形成的较之农业革命时代的生产力，就是新质生产力，它有质的飞跃、质的上升。那么在更细的划分上，比如说我们现在已经进入的信息革命时代，移动互联网所支持形成的生产力较之早

期的有线互联所支持形成的生产力显然可以称为新质生产力。再比如，科学界已做出展望的量子计算机普遍使用如果变为现实，其所支持形成的生产力，较之电子计算机普遍使用所支持形成的生产力，将是新质生产力。

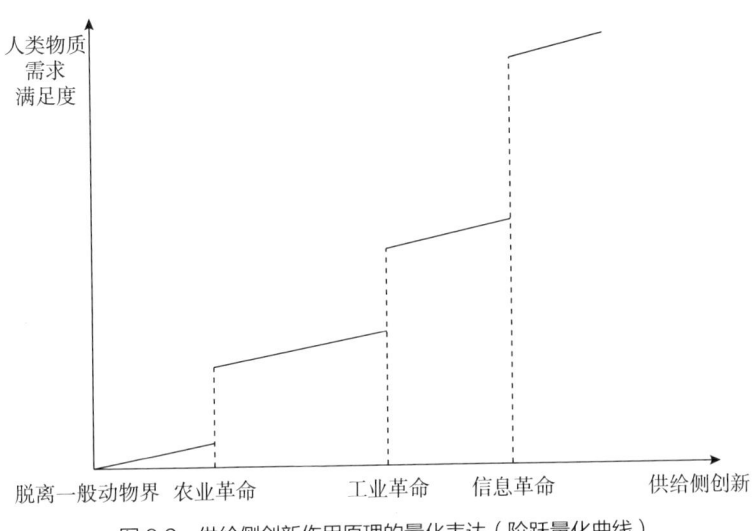

图8.2　供给侧创新作用原理的量化表达（阶跃量化曲线）

20世纪90年代，在中国大陆，人们越来越多地接触到互联网概念，一开始还是要专门拉线的，后来有了移动互联的概念，就是无线互联。现在全中国大多数国民手上都有智能手机，都处于无线互联状态。在这种智能手机上，不仅有很多的信息可以及时传达，还有很多我们说的商业活动的功能，实际上已经有了移动商务、移动金融。在很多的具体场合，只要有信号，就可以做商务交易的处理、支付与结算等。这非常好地支持了商业的繁荣、经济的发展。这种移动互联，当然是在可细分的"互联网+"带来的生产力解放的新层次上，成为一个比原来有线互联明显更高出一个台阶这样的境界了。

还有第二个视角，即本书前述供给侧各要素优化组合带来的具备质变特征的生产力新水平、新境界。"全要素生产率"概念，合乎逻辑地以其提升成为习近平总书记所说的新质生产力的"核心标志"。

我们需要强调，生产力发展中供给侧的创新其实才是看得见摸得着的、实实在在的创新。现代社会，供给侧各要素优化组合的创新，更成为"第一生产力"和"第一动力"发挥重大作用的机制。我们承认，需求侧是要出新的，人的需求是不断由低往高走上不同的层次，总体来说是越来越多地在满足了比较低的层次以后，要上升为更高的层次，它是一种原生动力。这种需求侧"用户体验"的提升是永无止境的，所以要承认它的原生作用，但在实际生活里面满足需求侧社会大众的用户体验提升，生活中获得感、幸福感所需要的实实在在的创新，却只有由供给侧的生产经营主体——市场上各种类型的企业，以及其他一些配套的机构和主体，通过供给侧创新来具体地实现。

如果说需求侧自己能够提出什么样更好的用户体验，只是非常朦胧的状态，一般来说很难设想一个消费者能够去认识到会有乔布斯主导的苹果智能手机的横空出世。但是在供给侧，乔布斯作为一个杰出的创造发明家和企业家、决策者，主导了苹果手机的全套设计，利用当时他可以得到的所有支持条件，使这样一个产品成功地推向市场。这样一来，就使千千万万的消费者眼前一亮，感受到苹果手机可以给自己带来的用户体验提升。苹果手机也成为一种实实在在的由供给侧的各种要素经生产经营决策主体实现了优化组合而带来的升级版状态的产品。

这种生产力发展中供给侧要素优化组合升级所形成的生产力的新水平、新境界，显然是在阶跃式上升过程中新质生产力这个概念所对应的不可忽视的机制。

纵观已有的人类社会发展全部历史，正是供给侧回应"用新而无新"的人类需求，提供看得见摸得着的创新成果，成为划分不同时代、不同发展阶段的决定性标志，如表8.1所示。

（二）对科技是第一生产力的解读

邓小平当年特别强调科技是第一生产力。这些年在信息社会新技术革命时代，科技创新成果应用带来的作用，大家都广泛认同，能够切实感受到，它是所谓颠覆性创新的典型代表。

那么科技作为第一生产力，从理论分析来说，它并不改变生产力有三要素的组成，即有劳动力，还有劳动对象和劳动工具，接下来怎么认识科技成果应用？它不是给原来理论框架里的三要素做加法，来个第四要素，它是做乘法，所以科技成果应用对于生产力三要素来说是个乘数，是放大，所以可称为第一生产力。

表8.1 供给侧视角的人类社会发展概况

时代特征	供给侧特征与突破（人与物）	制度特征进展（人与人）
旧石器时代（Paleolithic Period）	以使用打制石器为标志	在洞或巢中混居、群居（生成采集、狩猎的组织）
新石器时代（Neolithic Period）	以使用磨制石器为标志（发明了陶器，出现了原始农业、畜牧业和手工业）	氏族公社（组织功能扩展至农耕等）
青铜器时代（Bronze Age）	以青铜采冶业为标志（犁铧、兵器）	国家出现与奴隶制
铁器时代（Iron Age）	以铁制工具和武器的应用为标志	奴隶制社会加速瓦解，封建社会在欧洲成为主流，皇权、农奴与佃农；亚洲有中国或"东方专制主义社会"
蒸汽时代（机器时代，the Age of Machines）	以机器的广泛应用（机械化）为标志（机器代替了手工劳动，工厂代替了手工工坊）	工业革命与资本主义社会（资本主义社会在欧洲建立，进程明显加快；资本主义社会关系发生重大变化，工业化和城市化和无产阶级成为两大对立阶级；自由经营、自由竞争、自由贸易为主要内涵的自由主义经济思潮兴起；资本主义国家加快殖民扩张和掠夺；世界市场初步形成；两千年帝制在中国被推翻）
电气时代（the Age of Electricity）	以电力的广泛应用（电气化）为标志（电力、钢铁、化工、汽车、飞机等工业迅速发展，石油开始成为最重要的能源之一）	社会主义实验，资本主义调整
信息时代（the Age of Information）	以计算机科技的广泛应用为标志，计算机技术的发展经历了数字处理阶段、微机阶段、网络化阶段、大数据阶段，并正在走向人工智能阶段（半导体、互联网、"智能化"……）	社会主义实验中的改革转轨，资本主义调整（"和平与发展"特点）全球化＋新技术革命（信息时代下，对内：制度和治理结构不断发生变化，程度和世界格局不断发生变化；对外：全球化）

资料来源：斯塔夫里阿诺斯. 全球通史：从史前史到21世纪[M]. 吴象婴等，译. 北京：北京大学出版社，2006.

更多的要素组合在一起，如前所述，就涉及一个学界已经讨论多年，中国领导人也已经在很多场合明确加以运用的全要素生产率概念。全要素生产率最早由索洛提出，他的认识框架是可以用数量模型方法把大家都认可的劳动、资本等要素对于整个经济增长的贡献量化，量化之后发现多出来一块，这多出来的一块虽然很难做精细的量化，但是他认定一定和科技进步、科技创新成果的应用有关，所以索洛余值的概念就引出了全要素生产率概念。这个概念要探讨的就是所有的生产要素在一起怎么优化组合，怎样提高整个生产力的水平。

索洛余值对于提升生产力水平的贡献作用，虽然不太容易量化，但是显然很重要，而且实际上是日趋重要的。科技成果的应用，以及现在在数字经济蓬勃发展中，中国官方已明确要求纳入供给侧要素的数据——主要是指现在信息革命时代的大数据，它们都是在要素组合里不可忽视的、要加入进来的组成部分。

而且我们结合制度经济学、转轨经济学的研究成果，特别强调中国要完成由传统体制到必须完善起来的社会主义市场经济新体制的转轨过程的话，制度要素是非常重要的供给侧要素，一定要纳入全要素生产力的认识框架。有制度创新，才能够充分地打开科技创新、管理创新等其他要素发挥作用的潜力空间。

中央要求的推动新质生产力加快发展，显然应该包括以与科技的前沿创新和全要素生产率提升相关联的制度与管理创新来对冲劳动力、资本、自然资源等传统供给要素支撑力的下滑，形成升级发展的新动力源。

制度创新是打开中国科技创新潜力空间的一个非常重要的前置因素。在中国经济社会转轨的历史进程中，从这个意义上讲，如吴敬琏老师的用语"制度高于技术"，以制度创新为龙头带出科技创新、管理创新，它们相互间有互动促进这样一种有机结合，这样的有机结合支撑生产力的发展。在新质生产力这个概念之下，相关内容就需要我们进一步来全面把握。

习近平总书记强调，新质生产力是由技术革命性突破、生产要素创新性配置、产业深度转型升级而催生，以劳动者、劳动资料、劳动对象及其优化组合的跃升为基本内涵，以全要素生产率大幅提升为核心标志，特点是创新，关键在质优，本质是先进生产力。这样一段表述，与前述的学理分析应该说逻辑上都对应上了。这是一个浓缩的、由领导人表述出来的关于新质生产力的定义式精辟阐明。

第四节　数字技术下经济社会的价值变迁

20世纪90年代末,美国经济呈现出持续繁荣现象,追本溯源,主要的助力便是信息通信技术(ICT)革命所推动的数字化发展,而这一现象的创造主体是在硅谷(Silicon Valley)脱颖而出的数字化企业平台。

(一)以数字化企业平台为领军者的硅谷革命

表8.2展示了不同时期硅谷典型的数字化企业平台的产业发展及其经济社会价值表现。从1957年始,从生产扩散型硅晶体管的仙童半导体公司到如今数以千计"琳琅满目"的数字化企业平台,历经70余年,每5—8年就会有某些数字化企业平台发生颠覆性的技术迭代,并逐步惠及全球。聚焦业态,从专注于半导体设备生产到各类计算机硬件、软件的开发,再到互联网技术应用,发展至今的移动通信,每一次技术创新浪潮的推动,都引领全球新业态。硅谷技术创新浪潮之中,其数字化企业平台的经济社会价值"普惠"于全球,深远地改变了全球各色人种的生产、生活方式:从硅晶圆生产引发"稀缺"的集成电路产品供给显著增加,到以替代电磁线圈储存器的储

存芯片研发，再到微型计算机的推广普及、互联网的广泛应用，发展至今几乎人手一部具有移动通信功能的智能手机终端产品。

表8.2 不同时期美国硅谷典型数字化企业平台业态特征及其价值具体表现

创立时间	典型数字化企业平台	聚焦业态	核心技术业务	经济社会价值的具体表现
1957年	仙童半导体公司	半导体	硅晶圆	电子产品的广泛应用
1968年	英特尔	计算机硬件	微处理器	微型计算机的推广普及
1982年	太阳微系统公司	计算机系统	开放式网络计算	计算机系统的开放式研发与模块式应用
1982年	甲骨文软件系统有限公司	商业软件	数据库软件	关系数据库的搭建
1994年	网景通信公司	互联网1.0	网页浏览器 Netscape Navigator	网页浏览器的创造
1998年	谷歌	互联网2.0	互联网搜索	搜索引擎的创造
2004年	脸书	互联网社交媒体	社交网络服务	"虚拟化"人际关系
2009年	优步	移动通信1.0	移动互联网租车服务	"虚实"互通改变传统租车行业
2012年	金融科技公司Nav	移动通信2.0	大数据征信服务	"一站式"商业信用服务匹配

（二）数字化发展的规律总结

考察不同时期硅谷典型数字化企业平台所带出的经济社会价值演变，可归纳出实践层面以数字化企业平台为领军者的

"数字化发展",并由此带出的经济社会价值变迁的规律。

第一,"从物至人"的技术服务对象转换,即从"物"逐渐到"物与人",再发展至"人"的对象转换。从硅谷创新浪潮的叙事中可观察:第一阶段为以"物"为中心的阶段,从以"硅晶圆"等物之创造到电子产品的物之应用,再通过人使用物从而惠及人的发展。"硅晶圆"的创造与广泛应用,丰富了电子产品的门类,在使用价值上体现为多样化的工具使用,如电视、电话等,使人类社会的生产、生活得以丰富;第二阶段为"物与人"共生发展阶段,包括微型计算机的创造以及互联网的广泛使用,物的发展随之而来的是人的发展,即不同类别、功能丰富的微型计算机的创造以及广泛应用,使得少数人的智慧结晶惠及大多数人,并且大多数人又通过广泛使用计算机增长知识,实现自身的发展。微型计算机除了使得商品使用价值的功能性丰富以外,从心理等角度,增加了使用者本身的边际效用,并且这样的边际效用是递增的;第三阶段为"以人为本"的发展阶段,以脸书、优步等数字化企业平台为代表,商业产品的核心逻辑是服务于人,通过人的特性来实现物的创造与发展,突破古典经济学"理性人"假设,加入了人类心理、情绪等因素的考虑,以此出发构建人的效用模型,这样做模型构建的核心,在于围绕"人的特性"展开,以人的真实需求来求解效用,从而构造出能创造提供该效用的物。

第二,"先解构、后建构"递进式技术创新,即硅谷技术创新是迭代式、递进式的。具体来看，旧的技术结构被"解构"，新的技术结构"重新建构"，新技术的创造始于旧技术缺陷的补充研发，发展至全新的开创式技术，表现为一条S形曲线。同一类别的技术都是一条独立的曲线，而旧技术所对应的S形曲线趋于平稳状态时，新技术对应的S形曲线处于萌芽阶段，从研发、试点、成熟推广等过程逐步转化为企业利润，这是一段新旧技术并存的时期，随之而来的市场竞争，能够广泛应用的独创性新技术最终超越旧技术，实现技术创新。递进式技术创新所对应的，无论是价值概念的边界拓展，还是价值概念的纵深发展，都是实践层面价值本身广度、深度的再开发。从广度上来看，"硅晶圆"的创造引发了电子产品整个产业链的进一步丰富，使得人类生产、生活工具使用价值更丰富，同时开发出了边际效用递增的商业产品；从深度上来看，技术创新充分挖掘出新产品的"剩余价值"，并且这类剩余价值具有较强的外溢性，如互联网，使人民群众广为受益。

第三，"大小包容"的产业生态圈协同发展，即科技巨头与初创科技小企业的包容发展，形成了闭合的高新科技产业生态圈，并最终惠及全球产业链。相比传统工业呈现的边际效用递减规律，硅谷所形成的闭合产业生态圈的边际效用是递增的。究其原因，一方面，就人力资本而言，硅谷包容开放的制度环境促进大公司中部分人员离职后开创属于自己的小公司，人力资本积累的经验与知识在新的公司中得以充分激活；另一方面，就经营业务而言，硅谷聚集了较为完整的信息技术领域产业链的多数公司，自由竞争的环境使得公司之间既是竞争关系又是合作关系，专注于已有技术的再开发，也聚焦于更为新颖的技术探索。尽管现阶段硅谷仍呈现出"大鱼吃小鱼"的"寡头垄断"特点，即小公司最终为大公司所收购，但总体来看，各具特色与重点的创新的交织，进一步催化了硅谷技术的创新力，形成了产业协同发展趋势。

（三）启示：美国"数字化发展"所带出的经济社会价值

如表8.3所示，相比传统企业平台，数字化发展时期美国硅谷典型的数字化企业平台带来了价值层面突破性的升级发展。基于经济社会视角，可归纳出传统企业平台与数字化企业平台的价值要点比较，总结出数字化企业平台所带出的"共性"经济社会价值，可主要概括为：在搭建的信息联通的基础设施上，以信息匹配基本功能作为定位，以云计算、大数据、人工智能等必要的基础技术作为支撑，创新地促成各类交易、服务、管理、数字物流等功能的实现，提供生态圈化的单一接口、在实现多元化功能中能够对接海量的供给主体与消费市场，使供需双方便捷地进行信息匹配和价值交换，综合性地降低社会交易费用，提升供给体系质量和效率。

表8.3 传统企业平台与数字化企业平台的价值要点比较

项目	传统企业平台	1.0版数字化企业平台	2.0版数字化企业平台
案例	汽车制造平台	电信网络、单一功能App	现有主流四大平台"系"：TDAB
交易成本	高：戴蒙德搜寻与匹配理论	相对低	无限趋于零：吕本富的反戴蒙德理论
连接供需的范围	窄	相对扩大	增量供给+海量需求（长尾效应）
地理位置	囿于当地/运输成本经济范围	网络接入/覆盖区域	全国、全球、无边界（基于LBS技术等）
规模门槛/基础设施需求	低	较高，需要向用户分摊成本	很高：实现部分用户付费甚至无须付费，即可打平维护运营成本，需要云计算、大数据等大量底层技术支撑
沟通反馈渠道	单向	单向	双向
商业逻辑	无	简单	复杂、完整闭环
功能性	单一	聚焦于有限种类	生态圈、多功能
激活创新商业化的能力	无	有限	强
数据	无	有限	高、重要 新生产要素价值

第九章 新质生产力与新发展格局和新型举国体制

第一节 有为、有限政府与有效市场：打造内循环为主体的内外循环相互促进新发展格局

党的十九大确立了 2020 年全面建成小康社会后新的"两步走"现代化战略目标，要求以供给侧结构性改革作为构建现代化经济体系的主线。党中央在这些重要指导方针基础上，于我国"扩大内需"、追求"高质量发展"轨道上进一步提出，加快形成以国内大循环为主体、国内国际双循环相互促进的新发展格局。这是推进全面建设社会主义现代化国家的战略决策，事关全局的系统化深层次变革，有其深刻的与时俱进创新发展的内在逻辑。

自改革开放以来，生产力的解放促使我国经济发展突飞猛进，2001 年加入世界贸易组织（WTO）后，中国特色社会主义市场经济在全球化世界大舞台上的超常规发展，更令世人瞩目，经济总量超越日本位居全球第二，贸易量超越美国位居

全球第一，制造业在规模和产能上领先所有的经济体，被称为"世界工厂"。成长为这样的大规模经济体后，我国继续通过20世纪80年代中后期即确立的国际经济大循环战略推进经济社会发展，但又合乎发展逻辑地对接明显的阶段性变化：2010年之后，中国经济运行告别年度两位数增长的高速特征，在认识、适应和引领新常态过程中，转为降低一些速度而追求高质量的"中高速"发展。在地方、企业经受"阵痛"而侧重于优化结构以提升可持续发展水平与后劲的过程中，2015年下半年后，曾出现了长达12个季度在6.7%—6.9%很窄的增速区间内波动的平台状态，其后本来很有希望乘势确认所期待的L形转换成功，但由于2018年开始，叠加了中美"贸易摩擦"发生后十分明显的摩擦影响因素，使原来引领新常态中已初具形态的中高速平台状况未能得到稳固而经济继续下行。2020年初，突如其来的新型冠状病毒感染疫情又对经济造成严重冲击。由此，我国面临了上述因素"三重叠加"而带来的经济下行形势，必须力求掌握更多主动权，调动一切潜力对冲下行压力，更好地应对种种不确定性，在继续推进和平发展的现代化过程中，调整原本较高的经济对外依存度，将支持经济持续发展的支撑重点，更多地转移到已经雄厚起来的本土市场上，在处理好国际关系调整的同时，优化我国发展战略和相关策略的组合，使之更好地服务于实现经济、社会现代化"新的两步走"目标。在"双循环"框架下，以国内大循环为主体、国内国际双循环相互促进的新发展格局，正是在这一背景下提出的。党的十九届五中全会通过的《中共中央关于制定国民经济和社会发展第十四个五年规划和二〇三五年远景目标的建议》，明确要求"畅通国内大循环"和"促进国内国际双循环"，并提出了一系列相关要领的指导意见。党的二十大报告再次指出，必须完整、准确、全面贯彻新发展理念，坚持社会主义市场经济改革方向，坚持高水平对外开放，加快构建以国内大循环为主体、国内国际双循环相互促进的新发展格局。

（一）实行高水平对外开放和对国内大循环更为倚重顺理成章

中国自改革开放以来，已经运行在"双循环"轨道上，现今着力构建"双循环"新发展格局的战略意义及其主要新意就在于——"以国内大循环为主体"。

现阶段，面对"百年未有之大变局"下的经济发展阶段转换，需求收缩、供给冲击、预期转弱三重压力等造成的经济下行，特别是来自国际方面更加明显的种种不确定性，我们应有充分认识，做好应对挑战的思想准备，在大变局和可能出现的惊涛骇浪的考验中，更加注重把握好内循环的内生潜力释放，积极以升级版高质量发展的正面效应，抵御外部不确定性与不利因素的冲击，消解内外部矛盾交织的困扰与制约。因此，在当下，要在宏观调控的相机抉择中，更加注重扩大内需的指导方针，把握"做好自己的事情"中更为明显的确定性因素。这就顺理成章地引出了在推进高水平对外开放的同时，必须打造以国内大循环为主体、国内国际双循环相互促进的新发展格局。

"以国内大循环为主体"是"双循环"新发展格局的最主要新意之所在。其包含的对国内大循环更为倚重的发展框架，意在积极把握我国可选择的主观能动性与主动权因素，将其作为扩张需求为经济升温而对冲下行压力的主体因素，但又绝不意味着忽视、轻视外循环，而是审时度势使两者间形成更好的相互促进。在内外循环的相互结合、相互促进中，内循环更多充当主体角色的新格局，也将对接中国在现代化"追赶—赶超"冲关阶段的长期性特征。

强调构建"以国内大循环为主体"的新发展格局，显然是当前阶段关于现代化战略与时俱进的把握中，对我国本土雄厚的市场潜力释放更为倚重的认识框架。发展到当下阶段，通盘考量国内外形势，很有必要充分利用与更多依靠国内本土已得到长足发展的社会主义市场经济所形成的市场潜力客观条件，来进一步"做好自己的事情"，服务于实现新的"两步走"现代化战略目标。

改革开放初期，我国当时国内市场发育尚处于初始起步阶段，自身内循环中可以调动的潜力相当有限，需要采取"两头在外、大进大出""三来一补"的国际大循环模式，以市场、时间来求发展空间，从而以较短时间培育市场、促进发展，积蓄经济起飞的条件基础，大踏步跟上时代追赶国际发展前沿。客观地总结，国际大循环在当年不仅带来了国内市场中大量企业包括中小企业的发展，与资本、技术流入相伴随的还有弥足宝贵的管理经验和商业文明、市场经济的观念意识与规划，于是给国内解放思想后焕然一新的发展局面带来了巨大规模投资驱动的增长空间。中国加入世界贸易组织后更促使外循环升级发展，在改革开放解放生产力的社会主义市场经济轨道上，中国实现了经济起飞并发展为经济总量世界第二、制造业规模全球第一的"世界工厂"。

中国经济社会发展至当下，总体而言，在继续维护国际大循环的同时，把国内大循环作为主体和可依靠的一个基本盘的客观条件已经具备，同时，新发展阶段国际国内形势的演变，又使适当调控对外经济依存度及更多地依靠国内大循环的必要性和迫切性成为现实要求。

从整个发展通盘而言，中华人民共和国成立70余年以来，特别是改革开放40多年以来，国内已积累了相当雄厚的物质基础，综合国力已大幅提升。2023年，我国GDP总量超过26万亿元，经济稳居世界第二大经济体、制造业第一大国、商品消费第二大国的地位，形成了超大规模的大国经济基本盘，并将作为世界上最大规模的发展中国家和新兴市场经济体，在工业化、城镇化、市场化、国际化、信息化和法治化、民主化发展进程中，继续表现出一般经济体难以比拟、发达国家望尘莫及的成长性。2020年，我国实现了全面建成小康社会的发展目标，标志着开启全面建设社会主义现代化国家的新征程。整体而言，从国内经济循环和国际经济循环互动、结合的发展基础和前瞻态势来看，我国已经具备了以消费需求和投资供给两方互动的国内经济循环为主体的基本条件。

第一，国内居民消费水平大幅增长。党的十一届三中全会以来，伴随改革开放的有力推进，我国国民经济和社会发展取得举世瞩目的成就，国内居民消费水平伴随GDP的增长实现长足进步。2020年底，居民消费水平达27 438元，是1978年可比口径（指数）的21倍，这表明"以国内大循环为主"的抉择，在民生层面的国内消费支撑力上，已有较为可靠的依据。

第二，国内居民人均收入水平稳步上升。在我国规模广阔、需求多样的国内消费市场中，支撑可持续消费的居民人均收入水平也在改革开放的发展中稳步上升。2020年底，全国人均可支配收入已达到3.2万元，相比1978年城镇居民人均可支配收入仅为343.4元、农村居民人均纯收入仅为133.6元的状况，已有超百倍的增长。同时，在新发展阶段，人民对于生活质量的提升与追求也体现于消费能力的释放中，2020年在新型冠状病毒感染疫情的冲击之下，全国人均消费支出仍保持在 2 万元以上的水平。

2020 年后，中国在拥有 14 亿多人口的全球巨大人口规模体量下，人均 GDP 已达到了 1.2 万美元以上，按世界银行标准口径衡量，坐稳了全球最大中等偏上收入经济体位置。中国的中等收入群体人口数量绝对规模已达世界第一（4 亿人以上），这些为形成超大规模的消费市场奠定了基础。国内的超大规模消费市场，必然带出超大规模内需消费对国内、国际供给的强有力吸引与拉动，也将会成为未来很长时期内，国内及国际社会发展的动力与经济增长巨大潜力的来源。据统计，我国在全球经济发展增量中的贡献率，已连续多年超过 30%。

国家统计局公布的最新数据显示，2023 年中国经济总量达到 126 万亿元，在继 2020—2023 年连续突破 100 万亿元、110 万亿元和 120 万亿元之后，经济总量以当年国内生产总值按不变价格计算增长 5.2%，增速在国际比较层面仍明显快于各主要经济体。在百年未有之大变局和"三重压力"叠加下，发展环境复杂性、严峻性、不确定性上升背景下，中国经济总量和人均水平的持续提高，意味着中国综合国力、社会生产力、国际影响力、人民生活水平进一步提升，伴随国内新型工业化和新型城镇化的持续推进，国内大循环有世界上最具潜力的超大规模市场，这将使中国推动经济复苏持续向好获得强大动力引擎。2022 年，中国社会消费品零售总额在 44 万亿元左右，其中网络平台的商品零售额达 12 万亿元，是全球第二大消费市场和第一大网络零售市场。2022年,中国规模以上高技术制造业增加值比上年增长7.4%,快于全部规模以上工业3.8个百分点,高技术制造业、高技术服务业投资分别增长22.2%、12.1%,其中电子及通信设备制造业投资增长近30%,新动能引领作用日益凸显,说明中国经济高质量发展潜力巨大。

第三,国内工业的供应链与全产业链体系较为完备,投资潜力巨大。从生产供给角度看,我国以41个工业大类、207个工业中类、666个工业小类一样不缺的优势,具有最完整、规模最大、最为完备的工业供应链与全产业链体系,是全世界唯一拥有联合国产业分类中全部细分门类的国家,在全球500多种主要工业产品中,有220多种工业产品的产量居世界第一。产业链、供应链和消费市场具有满足规模经济、集聚经济要求的条件,合乎逻辑地支持了中国投资潜力的形成与释放。本土和世界上的投资主体,近些年实际上都高度关注依靠国内经济循环为主的经济基础条件。近些年,我国在数字经济、电子商务、交通物流、平台模式等方面都有相当大的发展,进一步实现了生产流通的规模经济,提高了畅通产业链、供应链的能力,伴随数据这一新时代要素的大数据、云计算特征及其流动性与可得性机制,数字经济手段的广泛运用也为国内的消费便利和进一步的市场开拓,提供更为有效、完备的新途径、新模式。

（二）"以国内大循环为主体"新格局的内在逻辑

我国进入经济发展新常态以来，其中需要解决的基本问题，是在"黄金发展期"特征还未完全消退的情况下，"矛盾凸显期"特征却已到来，必须抓住不放、有效解决的"矛盾主要方面"是供给侧的结构性问题。关于实现"强起来"的新时代推进"新的两步走"的现代化发展，党中央已明确指出，所需正确处理的社会主要矛盾，是人民日益增长的美好生活需要和不平衡不充分的发展之间的矛盾。理论上讲，发展永远有不充分之处，关键是现阶段不充分的发展主要是不平衡的结构问题带出来的，所以追求高质量的"升级版"的发展，关键在于坚持好结构优化的供给侧结构性改革战略方针与主线，同时优化总量调节为主要特征的"反周期"需求管理。基于以上相关重要认识判断，党中央明确提出"供给侧结构性改革"战略方针后，党的十九大又把这一由制度结构优化带出整个供给体系质量与效率提高的改革，确立为打造现代化经济体系、提高国家治理能力与水平的主线，这显然将覆盖"新的两步走"战略实施的全时段，是一个跨越若干经济周期的长期与超长期概念。掌握好跨周期调节，适当降低经济的对外依存度而以内部供需循环为主体，去稳步实现中国和平发展中达成中华民族伟大复兴的战略目标，是与"以国内大循环为主体"所含基本逻辑紧密相连的。

第一,"以国内大循环为主体"与稳中求进、扩大内需方针一脉相承。以内循环为主体联通稳中求进、扩大内需。稳中求进工作总基调,反映了我国经济建设正反两方面历史经验的深刻总结。

新中国成立以来特别是改革开放以来,党在领导社会主义现代化建设的过程中积累了宝贵经验,其中很重要的一条是保持经济稳定发展,对于我国这样一个人口众多、自然资源和环境容量有限的发展中大国极为重要。历史的教训是,经济运行不稳定特别是大起大落,不仅会对经济社会发展造成巨大损失,影响社会稳定和人民生产生活,也会影响改革的进程,增加改革的难度。稳中求进的方针正是在深入总结这两方面经验教训的基础上提出的。党的十八大以来,面对世界经济复苏乏力、局部冲突和动荡频发、全球性问题加剧的外部环境,以及我国经济发展需认识、适应和引领新常态等一系列深刻变化,以习近平同志为核心的党中央始终坚持稳中求进工作总基调,统筹推进"五位一体"总体布局、协调推进"四个全面"战略布局,同时进一步深化和丰富了对稳中求进这一工作总基调的认识。

构建"双循环"新发展格局是一个完整的指导方针,也是政策组合的大框架。任何一个有开放度的经济体,经济运行必然是双循环,但既然新发展格局的新意主要体现于强调"以国内大循环为主体",这在逻辑上是同宏观调控扩大内需一脉相承又浑然一体的。我们既要立足于本国,又要拥抱全球化来实现现代化的发展,所以双循环是一个应该长期坚持的完整的大框架,但是在新时期特定背景下,反复强调的扩大内需和随之强调的内循环为主体,具有现实的、突出的意义。这是在原本已有的国际经济大循环发展过程中做加法,绝非否定原有的国际经济大循环。但审时度势可知,我国国内已拥有市场发育后相当可观的国内大市场,虽然仍需再进一步完善与升级,但在继续维护国际大循环的同时,已拥有把内循环作为主体的客观条件,而且国内的升级发展必然带动国际竞争力的提高,国内与国际的双循环必然继续相互促进。只是,合乎升级发展逻辑的是,通观全局的部署中,外循环的分量要适当调减,内循环的分量要适当提升,以利于适当控制和降低对外依存度,应对和抵御外部巨大的不确定性,提升我国经济向高质量状态升级发展的确定性。

第二,"以国内大循环为主体"体现了更好地把握防风险、稳增长、追求升级发展主动权的战略思维。依学理逻辑而言,新发展阶段上"以国内大循环为主体"的相机抉择体现了更好地防风险、稳增长、追求升级发展主动权的战略思维。

"以国内大循环为主体"是外部环境复杂背景下的必然选择。如何"做好自己的事情",理所应当考量当下发展中如何应对不确定性,把管控风险、稳中求进的主动权更好地把握在我们自己手中。基于相对有把握去调控的一些内部因素,首选利用国内大循环为主体的经济运行，加上外循环以及内外循环间的相互促进，共同构成新发展格局。结合新发展格局的背景与其内在的学理逻辑，我们可以进一步更清楚地认知"以国内大循环为主体"的必然性和可行性。

与其必要性相呼应，"以国内大循环为主体"在当下和今后也具有充分的可行性。我国的稳中求进更多依靠国内市场的可行性已凸显。根据消费、资本形成及净出口对于国内经济增长的贡献率可知，国内市场的消费作用在波动上升。在面临不确定的外部国际环境时，出口的拉动作用已遇挑战性问题，2016年和2018年出现较大负值，2020年净出口贡献率增加更是因为世界范围内遭遇新型冠状病毒感染疫情冲击，而中国依靠自身内循环及时控制疫情后，对世界市场产生了正面效应。因此，在排除突发冲击因素后，对拉动整个国民经济增长动力源的结构性安排，有必要在充分考量国内国际环境后，做出"以国内大循环为主体"的必要调整，这正是基于更好地把握防风险、稳增长、追求升级发展主动权的战略思维的现实选择。

"以国内大循环为主体"的可行性，也体现在实体经济与科技创新支持的"硬实力"方面。作为国民经济发展基础支撑的实体制造业，在近年发展中"专精特新"保持较好态势。同时，对于起乘数效应的科技创新创业"第一生产力"方面，国内对于科技研发的关注度与重视程度也在逐年增加。我国制造业的主体产能位于各类城镇建成区，在2020年突遇疫情大考之后，仍保持逆势上升。面临新旧动能转换的历史冲关期，我国作为制造业大国，如何把握好机遇，上升为更高质量的"制造业强国"，是高质量发展必须解决好的问题。在面临经济发展引领新常态的阶段转换挑战与考验时，亟须把握好守正出奇、守正创新的思路乘势发展，力求用五到十年的时间，完成我国制造业的高质量升级，由主要处于全球供应链、价值链"微笑曲线"中端的"中国制造"，向曲线左右两端的"中国智造"与"中国创造"高位上升。

在科技创新领域，伴随国家改革开放后经济取得的长足发展，关于科技与研发的重要性认识逐步深入人心。国家政策积极鼓励发展科技创新，力求充分打开引领实体经济发展的这一强劲动力源，实现高质量发展所客观要求的新旧动能转换。政府与社会主体对于科技研发的投入也在不断增加，2019年科学技术支出达9 500亿元，占一般公共预算总支出的比重已增长至3.97%，国内社会整体的研发经费支出达2.21万亿元，研发经费支出占GDP的比重已由2008年的1.54%上升至2.23%，2020年继续上升至2.42%，保持连年持续上涨态势。

2018年、2019年和2020年的社会整体固定资产投资增长率分别为5.9%、5.4%和2.7%，科学研究与高新技术服务业的投资增长率分别为13.6%、17.9%和3.4%，处于较高水平，在社会整体固定资产投资呈下行趋势的同时，科技服务业逆势上涨。总体而言，这符合在追求高质量发展中亟须更为重视科技与研发创新的引擎作用，带动整个经济社会全面协调可持续发展的客观要求。

第三，中国经济的成长性，是我们在未来长时期内追求"以国内大循环为主体"的稳定增长的客观基础。

虽然我国目前成为全球经济总量居第二位的经济体，但仍处在世界上最大的发展中国家的国际地位上，一方面要认识我国的"发展中"特征，另一方面要认识我国的"发展潜力"特征。就全国而言，中国的工业化还处在中期向中后期、后期的转变中，与工业化伴随的城镇化真实水平可以基于户籍人口城镇化率再适当靠近常住人口城镇化率来认识，可考察的2019年的户籍人口城镇化率和常住人口城镇化率分别为44.38%和60.6%，截至2022年末常住人口城镇化率升至65.22%，户籍人口城镇化率平均为46%，真实的城镇化水平大体上仍在50%左右。那么完成工业化和走过城镇化高速发展期（国际经验表明是达到真实城镇化水平70%以上），至少还要向前再走过15年的时间段，伴之以坚定不移的市场化、国际化、高科技化（即信息化）与法治化、民主化，中国经济社会的成长性还极为可观——经济增速近年虽下行，但未来我国经济完成L形转换、实现较长期中高速稳增长状况，我们是有弥合二元经济进程中客观的潜力释放空间、回旋余地和强大韧性等客观条件的。我国推进现代化战略实施指导方针，主观视角上为提升主动权而合乎逻辑地强调的"以国内大循环为主体",正是与客观上已经形成的本土雄厚的统一市场的巨大发展支撑力和成长潜力基本盘相对应的。

第四,"以国内大循环为主体"的新格局,也必须结合高水平对外开放的外循环。

注重经济内循环,是在全球保护主义上升,特别是新型冠状病毒感染疫情冲击造成世界经济低迷、外部需求萎缩、不确定性剧增的情况下提出来的,是与我们当下更为强调"扩大内需"这一战略基点紧密相连、在逻辑上完全契合的。经济内循环首先是一个宏观调控的经济概念,而且是与中国推进外贸发展、对外循环相辅相成、相得益彰、互相促进的,彼此之间不是二者择一、相互排斥的关系。

应强调,注重扩大内需更依靠内循环,绝不意味着重返闭关锁国,而是在决不放弃维系与发展外循环努力的同时,更多依靠内循环来控制和收敛不确定性,以求在内外循环合成的新发展格局中,形成国内国际供需循环升级版式的相互促进。中国长期稳增长的实现,与我们"做好自己的事情"、正确处理防风险紧密相连,是必须把握好的主观因素。复杂严峻局面中风险因素的来源,可以说是内部如何在深水区攻坚克难以改革进一步解放生产力的挑战,与外部如何应对百年未有之大变局中的国际竞争挑战,两方面所形成的矛盾与压力的交织。但只要我们坚定不移地坚持以经济建设为中心的党的基本路线,并继续坚定不移地在和平与发展时代主题下推进全面开放，在自身稳增长的同时拥抱全球化，处理好构建人类命运共同体的国际合作竞争，我们将有望在跨周期的持久战中，掌握好升级版高质量发展的稳增长与防范、化解内外风险因素之间的长期均衡，并在宏观调控中以财政金融改革创新和供给管理与需求管理的优化组合，支持实体经济升级发展、产业结构升级优化，稳中求进地争取"中国制造"的世界工厂向"中国创造""中国智造"高端水平的上升，使中国式现代化与和平发展时代的人类文明进步，并行不悖，相得益彰。

党中央已明确强调了新发展格局中"国内国际双循环相互促进"的基本认识，反映了最高决策层对于全球化进程不可逆与中国开放要以更高水平积极主动全面推进的战略思维。高水平的对外开放所形成的外循环，也必将在与内循环相互促进的互动中，催化和倒逼中国自身于改革深水区的"攻坚克难"和以"高质量"为鲜明阶段特征的升级发展。

第二节　新供给经济学对于经济循环内生动力的解说

新供给经济学已有理论基础框架中关于所谓需求侧投资、消费、净出口"三驾马车"动力机制的认识，已将其"结构化"逻辑延伸、推展到供给侧，形成供给体系的结构优化与动力机制全景的认知把握，涉及"有效市场＋有为政府"的合力。特别值得注意的是，新供给经济学所强调的适应时代进步与我们置身其中的后发经济的"追赶—赶超"战略思维密切相关。基于后发优势所强调的技术模仿、技术扩散带来的红利，发展中经济体可以实现经济高速发展，且随着技术差距的缩小，势必呈现出红利收敛的趋势，这种收敛压力放在新供给经济学所强调的供给侧观察视角下，应当是在每一次供给侧创新完成之后的一个稳定时期中，追求随技术革命开启新的时代，这种追赶势必也将随之掀起新的浪潮。由此可更容易地理解新供给经济学所强调的制度供给的重要性，制度供给所带来的改革红利除了能够降低经济增长和发展中的成本外，也是打开新技术发明创造潜力空间的首因，还是中国这样的后发经济体"守正出奇"地赶超先发经济体的时代进步的关键。

我国中长期经济生活在供给侧结构方面的主要矛盾，并未因为近年的突发疫情冲击而改变。长时期内寻求内需潜力的释放，最重要的是继续在深化供给侧结构性改革主线上，着眼于提振消费和扩大投资的有效结合、相互促进，改善供给结构提升供给体系质量与效益，创造适应和引领新需求的有效供给，以增强"双循环"格局中的内生动力。在"以国内大循环为主体"的新发展格局中，增强经济的内生动力和成长性需把握好理论框架下的经济循环内生动力，与增强内生动力相关的制度改革、科技创新、管理创新。结合供给侧五大要素的理论模型表达，与"以国内大循环为主体"的经济内生动力息息相关的要素潜力分析可主要从以下五大层面着力展开。

第一，"L"——劳动力要素已从初期低端转向，国际市场中的廉价优势已不存在，劳动力要素潜能的释放当下需尽快促成由"量"转"质"，其中关键在于结合扩大内需做好劳动者权益保障，优化收入分配制度，提升劳动者获得感，释放消费潜力。

收入分配问题是重大且复杂的社会问题，受诸多因素的影响，同时又是诸多社会问题的根源所在。改革开放以来，我国收入分配制度改革逐步推进，按劳分配为主体、多种分配方式并存的分配制度框架确立，以税收、社会保障、转移支付为主要手段的再分配调节机制框架初步形成，配合和促进了社会主义市场经济体制的建立和国民经济发展、人民生活水平显著提高。同时，也要看到收入分配领域仍存在不少亟待解决的突出问题，城乡区域发展差距和居民收入分配差距仍存在，部分底层群众生活比较困难，与宏观收入分配格局相关的一系列制度建设、合理化改革难度较大，推进迟缓。这些问题的存在，加之我国经济社会转轨与发展全局的"矛盾凸显"，迫切需要我们加强深化收入分配制度改革研究。

应根据促进消费、扩大内需的总体工作部署，优化收入再分配的相应制度建设和加大劳动力的社会保障制度建设同样重要，也是当下增强经济长期内生动力的应有之义。社会扩大再生产的驱动在于经济的良性循环，劳动者收入增加才能在基本生活保障的需求之外源源不断地衍生新的需求，打破内循环掣肘必须将社会有效投资和社会保障制度建设结合在一起，使老百姓有收入，并且在减少后顾之忧和预防性储蓄的情况下，收入敢花出去，便有望形成需求和供给之间的良性互动。

我国居民人均收入水平稳步增加，2022年中国人均GDP达85 698元，全国人均可支配收入为36 883元，全国人均可支配收入的中位数为31 370元，中位数为平均数的85.1%。与此同时，2022年的全国居民人均消费支出为24 538元，扣除价格因素影响外，实际下降0.2%。全国人均可支配收入平均值与中位数间的差距，在一定程度上已表明我国居民收入结构方面依然存在收入悬殊、收入分配不公等结构性问题。要解决这些问题，必须实质性推进收入优化再分配的相关改革与政策的合理设计及施行。其中，落实《中华人民共和国预算法》

和《中华人民共和国预算法实施条例》推进转移支付制度改革，加快税收法治化进程推进直接税改革，以及加快社会保障制度体系改革等是当务之急，有利于使全民共享改革开放成果加快走向共同富裕，进一步打开低中端广大社会成员的消费改进潜力空间。

弥合二元经济过程中的户籍改革是扩大内需促进消费潜力释放的重要抓手，消费更是一切经济活动的出发点和归宿。按户籍人口城镇化水平再适当考虑常住人口因素作为度量，我国真实城镇化率水平约在 50%—55%，而国际上达到人均 10 000 美元的其他大规模经济体，城镇化率平均水平超过 65%；经验数据表明一般走过城镇化高速发展阶段的拐点，其真实城镇化水平将达到 70% 以上。因此，我国城镇化还有相当可观的空间。未来在户籍管理方面要积极推进改革，大方向是进一步放松、最终消除城乡分治格局和弥合二元经济。如何让进城务工的农民便捷地取得户籍，是扩大内需、以内循环为主体必须配套的改革任务。在北京、上海、广州、深圳等大城市和其他一些省会城市、中心城市，户籍管理方面存在由来已久的明显压力，究其原因是城市当前的供给能力不足以支撑所有流入人口的需求和保障其获得基本公共服务均等化的待遇。因此，必须先从小城镇、中小城镇等流入人口压力不大的地方积极做起，能够放开户籍控制条件的尽快放开，没有条件马上放开的，要积极考虑运用积分制等过渡办法，加快推进户籍制度改革，让人力资本要素尽快畅通。

优化收入分配制度是社会根本消费动力源的重要保障。在国民收入分配过程中，先后有不同阶段的三层次分配，首先在初次分配阶段，应力求保障市场机制的主导作用，使生产经营成果按要素分配，在劳动收入、资本利润和知识产权收益、资源开发收益等形式中，解决各要素的投入主体"各得其所"的激励问题。此环节需要注重激励个人潜能使之得到最大效率的发挥，从而有利于将经济发展总盘子中的"蛋糕"做大。其次是再分配阶段，政府主导特点明显，更多需要构建好"有为政府"的主导机制设计，依靠社会财富分配中政府作用的更好发挥主要解决好劳动力的分好"蛋糕"问题。最后是第三次分配阶段，可积极支持鼓励有能力的社会成员通过公益捐赠等方式实现对低收入群体或困难群体的资源分配支持，在进一步缩小实际收入差距的同时也可优化社会劳动力的收入结构。与此同时，政府有关部门应进一步优化劳动力的基本保障制度，争取在多方努力下尽快形成"橄榄型"或"宝塔型"的社会财富结构，畅通低收入阶层到中高收入阶层的上升通道，最大限度保障劳动力的活力与潜力。

第二，"C"——资本要素层面，要解决好利用内外资问题，处理好继续追求高质量发展中的投资与消费关系。消费需求永远作为社会发展的原生动力存在，抓好有效投融资是发展的重要抓手，扩大有效投资要与扩大内需相衔接。新时代投资的一大重点在于"两新一重"的基础设施建设。

消费在经济生活中有着极为重大的意义。所有的经济活动，出发点和归宿都是要满足人民美好生活需要，都会表现为改善最终消费，这样的动力机制可称为经济社会的原生动力。随着改革开放后消费需求不断升级，从基本的衣食住行到教育娱乐、医疗保障、养生养老等，与之相对应的是要提供有效供给，而这种有效供给的源头是有效投融资。通过有效投融资形成有效供给，可以回应需求并拉动和创造新的需求，满足人民对美好生活的向往。疫情冲击下的救急纾困也必然表现为维护社会成员的消费能力。但在现实生活中，满足人们需要、能够支撑可持续消费的，一定是在供给侧源源不断地提供可以满足消费需求的产品和服务。在实际生活中如果想要可持续地扩大消费，就一定要使人民群众有源源不断的收入，形成支付能力、购买能力，以此来满足他们消费活动的要求，而收入的前提是必须有投资带动的生产经营活动。因此，消费的提振实际上是要以投资的有效性加以支撑，如果没有有效投资，消费就成了无源之水、无本之木。充分调动我国巨大消费市场的潜力和持续发挥消费对于发展的基础性作用，前置环节上首先便要抓好有效投融资。处理短期问题与中长期目标的衔接，就一定要统筹兼顾、正确处理消费与投资的关系，资本要素层面需统筹使用好可使用的内外资，最大程度优化资金使用效益，其中有效投融资使用重点方向在于"两新一重"的基础设施建设。

2020年前后政府工作中强调了"两新一重",即新基建、新型城镇化和作为重点的传统基建,对三者要求相互呼应、合力推进。例如,在新区连片开发过程中,既包括道路桥梁、公用设施、绿化带、商业网点、医院学校等传统基础设施建设,也包括数据中心、人工智能开发中心等新型基础设施建设。同时,新区要带动辐射其他的区域,包括使其周边更广阔的农村区域共享改革开放成果,因此,新基建、老基建、城镇化和城乡一体化、新型城镇化是融合发展、相得益彰的。"两新一重"也是"扩大有效投资"指导精神中关于具体工作的要领和抓手。"两新一重"整体上是以基础设施为主的,政府必须牵头把握"规划先行、多规合一",积极介入此公共领域的基础建设事项。当前经济下行压力大,扩大有效投资应坚持把基础设施建设作为投资重点,"两新一重"的基础设施建设对于经济增长而言具有前提和基础性意义,是必须注重的长远发展的"后劲"来源。党的十八届三中全会中已重点提出,总体资源配置机制是使市场在资源配置中起决定性作用和更好发挥政府作用。"两新一重"的基础设施建设恰好就是政府更好发挥作用的体现,扩大内需中政府没有必要大量介入制造业等一般竞争性的建设项目,但是政府职能必然要求弥补"市场失灵"的缺陷,在基本民生及保障性的公共产品提供层面,政府必须更好地发挥作用,牵头在高水平的国土规划基础之上,做好基础设施、公共工程的建设。

与之相应的大型建设项目财力资金运用上，要着重强调并非由政府大包大揽，而是要运用好政府有限资金的引导作用，更多吸引非政府主体的资金投向建设领域。新基建是以"硬件"为主的条件建设，同时对于基建项目投融资的资金来源管理，要注重在政府债务资金、产业引导基金之外，与PPP等机制创新结合，充分运用新的投融资模式以调动更大的发展潜力。"两新一重"的建设项目与中国经济和社会的成长性密切相关，其在数字化、智能化创新发展的方向上要充分考虑项目规模的庞大性与长周期性质，所涉及的基建投融资效能需重点认识看待。

"两新一重"建设项目虽有公共物品属性，但随时代发展演变与学术理论厘清，此类项目建设主体由政企合作形式提供更为行之有效。传统基建在数字化、智能化赋能过程中，与已形成规模的数字化平台合作，可发挥出更多正的外部性与辐射作用，政府层面在此基础上可更优化地加以引导。首先，"两新一重"项目规模庞大，为国企、民企以投资者身份进入建设领域提供了广阔的用武之地。在传统基建数字化赋能中，数量多且规模大的基建项目从5G、数据中心、人工智能开发中心、物联网等，对接到产业互联网、智慧城市、食物冷链等大型、长周期项目，以及后续与之相配套的公共工程建设，其间形成的投融资空间巨大。而在政府有限财力制约且追求资金使用绩效的条件之下，基建项目落地必然需考虑政府如何以最小财力"四两拨千斤"地借助 PPP 等创新机制，以 PPP 支持新基建，形成政府体外资金的"乘数效应"，吸引国内外社会资本与各类企业的资金力量，这其中蕴含巨大的企业投融资发展潜力。其次，新老基建投融资与项目建设中，可实现多元主体的优势互补。"两新一重"的投融资中引入非政府的社会资本所形成相互制衡、各展所长的市场化运作机制的创新模式，进一步挖掘了基建发展的潜力空间。"两新一重"项目也可与专项债、国债资金形成一定对应性，以有效投资扩大内需激发经济活力，增加经济发展的后劲，形成可持续性，长久性带动居民收入增加，活跃消费，扭转市场预期。

第三，"T"——科技创新要素涉及"科技是第一生产力"的重要认识，对于重要产业领域的技术攻关与科技创新是国家根本能力建设的核心与命脉，"以国内大循环为主体"的内生动力要以新型举国体制攻关，支持尽快形成高端技术和产业链的优势。

需充分重视科技与研发创新的引擎作用。伴随国家改革开放后经济取得的长足发展，人们对于科技与研发重要性的认识在逐步深化。国家积极鼓励科技创新，力求充分打开引领实体经济发展的这一动力源，实现高质量发展所客观要求的新旧动能转换。

科技创新的重要性已在与新质生产力有紧密联系的各个层面有多重显现：进入 21 世纪，伴随着科技领域数字化、智能化发展，已实现数字技术驱动原有社会低阶商业模式的更新，拓展了增加收益与价值创造的多维渠道，促进市场主体所经营的传统业务转型为更全面的数字化业务；更以高科技数字化手段升级了供需循环，实现对实体经济层面的科技创新赋能，进而加快了由新模式代替旧模式、新业态代替旧业态、新技术代替旧技术的新旧动能转换进程。数字技术也在前几年新型冠状病毒疫情突发冲击的逆势中有效支撑了疫情防控和经济社会发展。同时，数字经济的大发展也在"数实融合"中实现有效反哺，支持带动社会主体创新创业。《中国灵活用工发展报告（2022）》显示，随着数字经济发展与数实融合渗透，2021年我国有61.14%的企业使用灵活用工形式，比2020年增长了5.36%，2022年整体的灵活就业人数已超过2亿人次。灵活就业在新发展阶段中很大程度上促进、激励了社会成员的创新创业。

最高端的内循环内生动力形成有赖于科技创新领域"卡脖子"问题的解决。当前我国在一些核心、前沿、关键技术上依靠外部供应，比如高端芯片等已面临被"卡脖子"的局面。要攻克这种难关，必须以新型举国体制攻关，在外循环受阻、天价也买不来高端核心技术的外部压力下争取将高端芯片的关口突破，充分借鉴"两弹一星"的成功经验，结合市场经济的条件，以强有力的统筹协调机制组织共同攻关，最终形成面向全球市场大批量、高质量、性能稳定、源源不断的芯片供给能力，占领较大的市场份额。中国在中等收入经济发展阶段已成为"世界工厂"，经济总量达到全球第二的位置，但仍属于世界上最大的发展中国家，产业经济还"大而不强"。以制造业为代表的实体经济要升级发展，必须经受考验实现科技创新引领下的全产业链、供应链的完善优化，在供给侧结构性改革主线上冲破上方压制的"天花板"、甩开紧追不舍的下方竞争挑战，由"中国制造"升级为"中国创造"和"中国智造"，实现由经济循环内生动力到国家强盛硬实力兑现。对发达经济体的赶超，实现中华民族伟大复兴，关键是在重构要素体系、优化产业结构、创新企业组织形式、变革商业发展模式中，以科技创新引领的跨越式发展破解经济发展面临的三重压力，针对性引领需求变化而创新有效供给、扭转弱预期过程，以技术创新发挥全要素生产率的"乘数作用"，支撑新质生产力为经济循环的内生增长动力赋能。

第四，"I"——制度与管理要素是保障经济社会运行优良有序的重要方向标。创新优化制度与管理供给，应以改革开放为龙头在当下的改革深水区着力深化，更大地激发市场活力和发展内生动力，运用市场化机制激励企业打开潜力和活力。

中国当下仍处在完成现代化所要求的经济社会转轨的历史过程中，在改革的深水区，为以"生产关系的自我革命"继续解放生产力，必须攻坚克难，使配套改革取得决定性成果。在充分关注科技创新的同时，不可忽视制度创新的支撑作用。中国在进入中等收入阶段之后，已明显感受到市场潜力作用需进一步发挥，一定要紧扣全要素生产率的核心命题。其中，应特别强调的是，在中国特色社会主义市场经济发展中，结合改革开放后的种种实践经验可形成一个关键性认识，即唯改革创新者胜。同样，要打开高质量发展局面，要领是在改革中攻坚克难"啃硬骨头"，进一步解放生产力，以实质性的制度创新打开科技创新和管理创新的巨大潜力空间，带来全要素生产力的释放。如前述所强调的，全要素生产率在中国本土的作用过程中，除了必须认识"科技是第一生产力"的放大效应、乘数效应，还一定要强调以制度创新打开科研创新的潜力空间。从一定意义上而言，"制度高于技术"，即只有紧紧抓住、抓好制度创新，才能充分打开科技创新的潜力、活力空间，落到实际生活中，也就是强调要以配套改革为核心，作为现代化的"关键一招"。新旧动能转换的实现绝不是简单的技术问题和管理问题，而是首先要强调制度创新方面改革的攻坚克难。为打开科技创新和管理创新的空间，政府要更好地深化改革，给企业提供高标准、法治化的营商环境，让新经济的市场主体真正能够在市场中"海阔凭鱼跃，天高任鸟飞"。

　　制度创新要素是打开科技创新和管理创新空间的龙头。制度创新，在我国正聚焦于制度规则领域里与生产关系直接相关、深化制度安排"自我革命"于深水区攻坚克难的改革任务。制度建设是当下中国最需要的"制度基建"保障，紧扣法律、法治和治理机制的优化，要通过法治化的可置信承诺赋予基建投资者信心，让社会资金成为基建投融资的主导。新供给经济学已有研究成果认为，制度创新即提供有效制度供给，这样才能更有效释放科技创新与管理创新潜力的空间，因此制度要素对于基建投融资与后续建设更具关键性与决定性意义。在制度创新以及改革解放生产力进程中，新基建等"有效投资"在发展的同时又是支持国民经济高质量发展的重要支撑。现阶段对于制度创新的要领把握，需要充分注重结合改革与机制创新"啃硬骨头"，解放思想、实事求是地克服现实阻力，构建高标准法治化营商环境。

制度创新和管理创新的关键之处在于做好"市场失灵"的重要补充，最大程度激发市场主体活力，引导社会经济良性、可持续发展，也应落实于切实保护产权、降低市场准入、鼓励公平竞争与实质性深化政府"自我革命"上，引导和推进企业混合所有制的共赢发展和企业家精神的弘扬，同时大力推进政府与社会资本合作等多元化的机制创新。管理创新层面既要重视宏观层面短期衔接中长期的顶层设计规划，更要重视微观层面的"企业家"要素潜能释放。在整个国内、国际经济的"双循环"中，供需活动会形成经济发展生态链，管理创新层面需充分地综合考虑产业生态链的类型、结构特征，一方面要"规划先行、多规合一"，另一方面要激励各个行业企业充分竞争、优势互补。

第五,做好基础层面的保障要素供给,加快统一大市场建设,打破信息壁垒与发展障碍,联结市场机制中的不对称信息,保障各项要素在更公开透明信息下可实现跨区域综合流动,同时更应解放思想,积极创新基础理论供给。

2022年出台的《中共中央 国务院关于加快建设全国统一大市场的意见》指出,要建立和健全全国统一的高标准法治化市场制度规则,保护产权,公平竞争,打破市场分割、不当垄断和地方保护,打通制约经济循环的关键堵点,促进商品特别是要素资源在更大范围内畅通流动。统一完备的大市场建设有利于链接劳动力要素(L)、资本要素(C)、土地与自然资源要素(R)、科技要素(T)、数据要素(D),在制度与管理要素(I)的护航下,使得多项竞争性要素可随市场机制充分流动,实现最大化效用的市场供需匹配。

统一大市场建设带出的良好营商环境更能赋予市场主体信心,打开创业创新的空间潜力和增加就业的市场潜力。在给予各行各业信心与引领预期向好方面,政府需通过"自我革命"的改革更好地发挥作用,在职能转变、打造高标准法治化营商环境中,建设服务型政府并非弱化政府作用而是要求政府职能合理到位。企业遵照市场准入企业负面清单制度,依靠自身优势积极参与市场竞争;政府方面则应使用"正面清单+责任清单","法无授权不可为""有权必有责"地约束政府行为,进行政府行为事前、事中、事后的绩效考评和问责,最大限度健全全国统一大市场，进而打开企业焕发潜力、活力的空间。

党的二十大报告指出，构建高水平社会主义市场经济体制，必须坚持两个"毫不动摇"。正确认识和把握资本的特性和行为规律。社会主义市场经济中必然会有各种形态的资本，发挥资本作为生产要素的积极作用，同时有效控制其消极作用。要为资本设置"红绿灯"，依法加强对资本的有效监管和积极引导，防止资本野蛮生长，鼓励、促进其有序健康发展。坚持两个"毫不动摇"，即在坚持和完善社会主义基本经济制度前提下，毫不动摇巩固和发展公有制经济，毫不动摇鼓励、支持、引导非公有制经济发展。为促进多种所有制经济共同发展，优化民营经济发展环境，产权保护和政策实施必须一视同仁、平等对待。

上述对于经济循环内生动力的解说生发于对经济规律的探究，综合古今中外已有的实践基础，兼收并蓄已有经济学和相关学科的积极成果，但在新发展阶段上更需强调基于理论密切联系实际，对应中国特色和背景，服务于中国现代化的赶超战略全局。相关的理论和认识争鸣在解放思想、创新基础理论供给层面需尽可能避免简单化贴标签的倾向，对于理论研究的"从实际出发"应该加以进一步强调。"由理论密切联系实际"，需要注重供给侧与需求侧的结合，政府、市场与第三部门互动等全方位的深入考察和相互关系认知，需力求客观。中国中长期发展中如何破解瓶颈制约和攻坚克难全面深化改革、优化结构，是历史性重大考验，相关的理论争鸣需在解放思想基础上，秉持严谨的学术精神，理论密切联系并服务实际的创新原则，更好发挥经世济民的作用，注重从供给侧发力，在实践中破解瓶颈，服务全局。

基于理论密切联系实际的创新，要消除发挥全要素生产率潜力的障碍，以尽可能高水平的实质性的全面配套改革，来构建创新发展的制度环境，在新旧动能转换中实现动力体系的转型升级，由此来保障经济循环内生动力向国家能力和新质生产力的转化，从而最终实现以人为本、惠及全球的中国经济社会的现代化。

第三节　内循环内生动力的客观来源：中国经济社会的"成长性"——独特的"巨国模型"及其潜力空间

在 2020 年经受突发新型冠状病毒感染疫情的考验之后，国家的战略部署中调动发展支撑的潜能，表现为全面抗疫迅速取得初步胜利，成为全球主要经济体中唯一在 2020 年度内实现经济总量正增长的国度。站在 GDP 总量突破百万亿元大关的新台阶上，面对"十四五"新时期的规划布局，中国在 2020 年实现了全面建成小康社会的发展目标，开启了全面建设社会主义现代化国家的新征程。整体而言，从国内经济循环和国际经济循环互动、结合的发展基础和前瞻态势来看，中国所具备的"以国内大循环为主体"的基本条件正是其形成内生动力的客观来源。

（一）以"巨国模型"概念认识中国新旧动能转换的可依靠空间

改革开放以来，我国经济发展动能，通过投入产出函数的框架可描述为将本土相对廉价的大量劳动力资源和土地、自然资源等投入，与国际方面的资本、技术、进口原料和初级产品等要素相结合。特别是 21 世纪初我国加入 WTO 以后，通过与国际市场的庞大外需对接，在早期"两头在外、大进大出""三来一补"的外向型发展模式下，辅以国内基础设施方面的巨大投资，我国经济取得了跨越式发展和举世瞩目的成就。在过去的 30 年中，我国经济充分融入国际贸易分工的大循环中，并在此过程中逐步积累起了国内大循环的坚实基础。

与此同时，我们也应当看到中国经济发展已经进入了新时代、新发展阶段。在这一阶段中，过去的发展方式中对应的要素特征、内外部环境等研究的前提条件，已经发生了巨大变化，未来我国发展需要培育新动能，适应新要素禀赋和约束条件下的生产函数框架，逐步构建以国内大循环为主体的国内国际双循环。

在新旧动能转换、逐步突出国内大循环重要性的过程中，我国超大规模人口所支撑的业已有前期发育和基础设施条件建设相配合的超大规模市场优势，是经济内外双循环于客观方面的重要支撑，是中国选择"以国内大循环为主体"的独特优势。如果用经济学模型概念定义，大国模型已不足以概括中国市场的特点，对应的应该是十分独特的"巨国模型"。中国是拥有全球最大人口规模（14 亿之巨，人口绝对量超过世行口径定义的高收入发达经济体合计的人口总规模）的市场，而且是建设社会主义市场经济中形成并积极完善的一个统一市场，其无可比拟的新兴市场的巨大潜力和成长空间，日益引发全球投资者的高度关注和有真知灼见的投资者前来投资。基于超大规模市场的内在逻辑而言，这是中国经济当下更为注重内循环的重要基本国情条件。

下面从需求侧和供给侧要素两大方面认识构建"以国内大循环为主体"的"双循环"发展模式的相关条件变化。

第一，国内市场需求不仅是量的保证，更有质的要求。

当前，国内市场已成为我国经济最重要的发展动力。根据国家统计局数据，自2013年起，我国最终消费支出占GDP的比重持续超过50%；到2021年，最终消费支出对经济增长的贡献率达到65.4%，拉动当年GDP增长5.3个百分点。国内最终消费市场，不仅已成长为拉动我国经济增长的第一动力，同时也成了我国经济发展的稳定器与压舱石。

网络消费也已成长为我国的重要内需来源之一，在持续增长的同时仍具备相当的发展潜力。2019年起，我国网上商品和服务零售额迈过10万亿元大关，"双十一""6·18"等网络消费节日也已融入人民生活，成为不可或缺的一部分。正是这样巨大的网络消费市场，才能够支撑我国的互联网产业发展取得令人瞩目的成就。

在"互联网时代"成长起来的新生代人群的消费理念和消费习惯也发生了重大变化，结合互联网电商发展，一批新国潮、新国货品牌迅速成长起来。根据拼多多发布的《2022多多新国潮消费报告》，当年新国潮、新国货品牌入驻平台的品牌数量同比增长超过270%，并先后涌现出327个销售额过亿的品牌。而在新国货的用户群体中，年轻化成为显著特点。京东消费及产业发展研究院发布的《2022年轻人国货消费趋势报告》显示，当年在形成一定销售规模的品牌中，"95后"国货用户数占比同比提升11%。同时，新生代的消费者更加追求高品质、高性价比的消费，这就从需求层面要求厂商研发和推广产品和服务时，不断提升品质感、消费者获得感，从而建立起自身口碑。这也激励了国产品牌持续夯实发展基础，从而具备更强的市场竞争力。

可见，巨大的消费市场在"增加量"的同时，正强有力地迸发"提升质"的内在动力，客观地催化着向升级的、多样化的、更高水平的进程发展。

第二，从人口数量红利转向人力资本红利的新要素条件。

庞大的人口基数是我国内需"巨国模型"的来源，也提供了劳动力要素供给的人口红利。时至今日，我们需要从结构方面看到，我国人口红利的数量阶段已经结束，转而需要从人力资本视角去持续发挥新红利的作用。

根据国家统计局发布的数据，2022年我国人口总数出现拐点，转为负增长；自20世纪80年代以来，我国人口自然增长率总体呈下降趋势。未来一定时期内我国人口总量将呈现持续下降态势，数量方面的人口红利已经正式宣告结束。

与总量变化相对应的是人口年龄结构变化。从第六次人口普查到第七次人口普查的十年间，可以看到0—14岁、25—35岁和45岁以上这三个年龄区间均出现了绝对数量方面明显的增长。

从人口年龄结构来看，我国中青年人群的占比高、绝对基数大，这部分人群能够使一定时期内我国仍然具备较为庞大的、富有一定经验的劳动力主力群体，且具备相关的消费能力；但同时也要看到，60岁以上人群数量在过去十年中也在急剧攀升，老龄化人口占比偏高，而新出生人口的数量未来一段时期内可能持续下降。

在数量红利已成为过去时的当下，未来我国更需要，也有极大可能向人力资本要质量红利。我国在校生人数和比例近年来持续增长，其中高等教育占比更是年年上升。这就为未来的经济发展储备了高素质人力资源基础。在未来人口数量下降的趋势下，需要通过提升劳动生产率，提高单位时间、单位产品的附加值来实现持续增长。

第三，科研实力积累与较完备的工业体系强化国内大循环的供给侧基础。

在依靠"三来一补"的年代，我国技术力量较薄弱，需要通过大量引进国外较为成熟的技术来形成生产能力。经过改革开放40多年的积累，随着我国研发经费投入的持续增长，研究人员数量的不断增加，对知识产权的日益重视，目前已经具备了相当程度的技术积累，开始发力从"中国制造"迈向"中国创造"和"中国智造"的时代。

根据国家知识产权局的数据，2022年全年，我国授权发明专利79.8万件，发明专利有效量年底达到421.2万件。我国已成为世界上首个国内发明专利有效量超300万件的国家，其中高价值发明专利拥有量达到132.4万件，同比增长24.2%，占发明专利有效量的比重超过四成；每万人高价值发明专利拥有量达到9.4件。2022年12月，中国科学技术信息研究所在线公布《2022年中国科技论文统计报告》。报告显示，我国热点论文世界占比持续增长，世界热点论文数量首次排名第1位；高被引论文数量继续保持世界排名第2位，占世界份额提升近3个百分点。

我国的工业供应链与全产业链体系较为完备，投资潜力巨大。从生产供给角度看，如前所述，中国以41个工业大类、207个工业中类、666个工业小类的优势，具有最整齐、规模最大、最为完备的工业供应链与全产业链体系，是全世界唯一拥有联合国产业分类中全部细分工业门类的国家，在全球500多种主要工业产品中，有220多种工业产品的产量居世界第一。

第四，根植本土的产业链是内循环经济的大树根系和机体血脉。

现代工业已不再是过往闭门造车的时代，诸多终端消费品的生产和服务提供，都依赖完备的产业链体系，需要上下游企业的有机配合、有序分工、各司其职。经过前 40 年的发展和积淀，我国本土内生的产业链已经深深嵌入了我国的市场与社会结构之中，诸多终端消费品的制作流程已经发展得相对成熟而复杂，哪怕一个小小的零件都可能涉及一系列流程环节，关联着规模、产销、工艺各异的企业、个体户乃至家庭作坊，并形成了强大的供应网络。这些根植本土的网络，不仅是过往外资、外需推动的结果，也是基于我国自身的历史与社会根基而生长出来的。改革开放几十年间解放生产力的发展，已使我国成为国际上按联合国产业名录细分行业一个不缺的经济体。客观上看，这些内生的产业链和供应网络，是提高内循环经济比重的、富有中国经济独特韧性的大树根系和机体血脉。过去几年的经验让我们意识到，当外部的不确定性提升时，内部的确定性就是产业链不惧风雨深入地底的树根，撼不动、转不走。

我们也应当认识到，提升国内大循环的比重并不必然意味着需要把每一条产业链的每个环节都置放于我国境内，做好自己的事情和海纳百川并不相互矛盾，但其中核心企业、关键节点企业的地位尤为重要。围绕着核心企业，可以集聚一大批上游或下游的企业，形成国内循环的紧密共生关系，而维系这种共生关系格局，正需要通过扩大内需、消费拉动的发展模式来推动经济实现再平衡。此外，关键技术、关键设备和关键物资，也是确保国内产业链循环畅通运转的重中之重。

第五,"巨国模型"概念下中国城镇化、工业化的联动。

中国经济长期向好的基本趋势没有改变,客观来说就是以独特的"巨国模式"的蓄势待升级的中国整个发展过程要完成现代化,继续大踏步地跟上时代,是工业化、城镇化、市场化、国际化、信息化,再加上"五位一体"总体布局里所要求的法治化民主化,这六大潮流合在一起的发展,是人类文明主潮流、主线上的发展过程,这方面的空间还十分可观。直观的表现,首先是完成工业化的升级发展期与走完城镇化高度发展期两者之间的结合与联动。

这个工业化和城镇化发展的过程,从长期看,一定是在中国大地上以经济学且以非常独特的"巨国模型"所描述的一个供需互动的成长过程来走完的。这个互动过程表现在具体场景上,是中国现在已经有接近700个中心城市及大大小小的建成区,未来最主要的发展趋势是城乡接合部往外推,而且还要建很多的新区,还要推进党中央、国务院强调的城市圈建设、城市群建设。各个中心区域、新区,以及它们之间,表现出来的一定是基础设施一轮一轮的建设和升级换代,以及互联互通,与之伴随的一定是产业间的不断互动。在产业结构优化中,产业集群一轮一轮地升级发展,以及人力资本培育这方面越来越多地释放需求,越来越多地适应学习型社会以提高全体国民素质、提高整体文明程度,去对接现代化。这个供需互动过程之中,一定会表现出这里所强调的中国成长性里的巨大空间、回旋余地、潜力的不断释放。这是一个在不确定性、种种不愉快因素干扰的背景下，我们可以认识和把握的有客观依据的确定性。

（二）扩大内需、强化优化内循环的关键问题与关键对象

提升内循环比重，需要通过提升国内需求（消费）比重、释放国内潜力来做到。如何提升和释放这一潜力，需要重点把握好其中的关键问题和关键对象。

第一，收入分配是提升国内需求比重的"牛鼻子"问题。

改革开放以来，以大国市场为基数，我国居民消费水平实现显著增长。党的十一届三中全会以来，伴随改革开放的有力推进，中国国民经济和社会发展取得举世瞩目的成就，国内居民消费水平伴随 GDP 的增长实现长足进步。2019 年底，居民消费水平达 27 563 元，是 1978 年可比口径（指数）的近 22 倍，这表明"以国内大循环为主体"的抉择，在民生层面的国内消费支撑力上，已有较为可靠的依据。

消费的底气源自收入，即居民人均收入水平的稳步增长。在中国规模广阔、需求多样的国内消费市场中，支撑可持续消费的居民人均收入水平，也在发展中稳步上升。全国人均可支配收入在 2022 年底已超过了 3.6 万元，相较于 1978 年城镇居民人均可支配收入仅为 343.4 元、农村居民人均纯收入仅

为 133.6 元的状况，已有超百倍的增长。2019 年，中国在拥有 14 亿多人口的全球巨大人口规模体量下，人均 GDP 已达到了 1 万美元，成功成为（按世界银行标准口径衡量）全球最大的中等偏上收入经济体并保持稳定。中国的中等收入群体人口数量绝对规模已达世界上第一，这些为形成超大规模的消费市场奠定了基础。国内的超大规模消费市场，必然带出超大规模内需消费对国内、国际供给的强有力吸引与拉动，也将会成为未来很长时期内，国内及国际社会发展的动力与经济增长巨大潜力的来源。截至 2020 年，我国在全球经济发展增量中的贡献率，已连续 6 年超过 30%。

人口数量红利基本结束，但由于巨大的基数，我国的国内消费市场在一定时期内仍然具有较大的潜力。然而，我们也应看到国内的消费率水平明显低于世界平均水平，不仅低于发达经济体，也同样低于其他发展中国家。这中间的差距意味着改善与提升的空间巨大。

偏低的消费率，显然不利于释放国内市场的潜力，也不利于国内大循环的通畅。未来，我国需要打通内需消费的国内大循环，确保我们的生产、经济活动能够满足人民对美好生活的向往和需求。而解决这一问题的核心关键，就在于如何有效提升居民的可支配收入，从而提振消费意愿。

第二，破题共同富裕：在做大"蛋糕"的同时优化分配。

居民的收入和就业是一个硬币的两面，而"就业—收入—

消费"也是国内大循环的关键环路。因此,当下提出共同富裕同时具备政治和经济的双重重大意义,与增强国内大循环的内生动力息息相关。

如何提升居民收入是当下面临的现实问题。2022年,根据国家统计局公布的数据,全国居民人均收入实际增长2.9%,较GDP增速略低0.1个百分点;居民可支配收入占GDP比重为43.0%,较上年下降0.2个百分点。同时,城镇居民和农村居民人均可支配收入水平仍然存在明显差距。这是2008年以来居民收入增速低于GDP增速,从而对经济转型的支撑作用有所减弱。

而从居民可支配收入来源分解情况来看,工资性收入是最主要来源并实现稳步增长,转移性净收入近年来增长也较为明显,经营净收入和财产净收入的贡献度依次排列其后。转移性收入是政府国家、单位、社会团体对居民家庭的各种转移支付和居民家庭间的收入转移,主要包括离退休金、失业救济金、住房公积金等。因此,提升居民收入,从重要性来看,首先是要提升就业带来的工资性收入,同时也应通过鼓励民营(个体)经济发展来促进居民经营净收入的增长。具体而言,提升工资性收入问题又可进一步从提升就业率和收入分配公平性两个维度来加以考虑。

从就业情况来看,我国的调查失业率近年来始终保持在5%—6%,但自2020年以来,24岁以下年轻人的失业率持续高企，已经成为需要警惕的现象，这表明当前就业市场对缺乏工作经验的年轻人的吸纳能力有限。此外，这一城镇调查失业率数据可能也难以体现农村进城打工人员这一流动人口群体的真实就业情况，从而无法真实、及时地体现是否能够实现充分就业这一重要的社会与经济问题。

再来看收入分配公平性问题。根据国家统计局公布的数据，我国的基尼系数近年来呈现逐年下降的态势，表明收入分配差距有所改善。但需要看到，城乡差距、地域差距、行业差距、工种差距、不同所有制企业间差距客观存在，在试图缩小差距的同时也应承认部分差距存在的合理性，因而需要更多地通过市场化手段而非行政手段来调节非合理的部分。其中，不同所有制企业差距当中，解决对民营企业的歧视问题、更好地发挥民营企业在国内大循环中的作用就是一个很重要的方面。

第三，扶持民营经济发展是提升内循环比重的侧重点。

扶持民营企业和民营经济，能够从提升就业和公平分配两方面更好地提振居民收入水平，并通过培育富有活力和竞争力的市场主体达到更好地畅通国内大循环的目的。

民营企业是我国重要的市场主体。我国民营企业的作用可以概括为"56789"，即为国民经济提供了 50% 以上的税收、60% 以上的 GDP、70% 以上的创新发明专利、80% 以上的就业岗位、90% 以上的市场主体与新增就业。根据市场监管总局发布的数据，截至 2022 年 8 月，我国民营企业数量超过 4 700 万家，占比达 93.3%。2022 年中国企业 500 强中民营企业已经占到了 362 家，达 72.4%。另据海关总署数据，2022 年我国有进出口实绩的民营外贸企业 51 万家，进出口值达到 21.4 万亿元，增长 12.9%；民营企业进出口规模所占比重达到 50.9%，较上年提高了 2.3 个百分点，年度占比首次超过一半，对我国外贸增长贡献率达到 80.8%。据中国政府网最新公布的数据，在中国市场主体总规模中，民营经济已高达 1.7 亿元以上，其中登记在册的个体工商户约为 1.14 亿户，加上为数众多的民营企业还关系着支撑社会稳定的城镇就业，足见它们的贡献。

因此，鼓励民营企业、民营经济发展、吸纳更多就业，从而做大居民收入"蛋糕"的积极意义不言而喻。同时，民营企业还代表着我国经济发展过程中最具有活力的市场主体，为数不多冲过"烧钱"瓶颈期而终于成功地"一飞冲天"的数字经济平台、头部企业，几乎清一色是民营企业。民营经济成分也在外向型经济发展中发挥着稳定器的作用，对增强国内大循环内生动力和外向活力具有重要意义。

从收入方面来看，民营经济就业人员的平均工资水平明显低于统计范围内的全国平均工资水平，且增速慢于全国平均工资的增速。扩大民营经济在收入"蛋糕"之中的分配比重，也是提升居民收入、实现共同富裕，从而畅通国内大循环的重要渠道之一。

第四节　人才和成果转化

　　数字化时代，财经数字化和智能化升级发展对人才需求巨大，而当前这方面的人才供给还无法充分满足社会需求，要加快数字化发展，就需要加大数字经济人才培养力度。人类社会已进入数字经济时代。数字化时代的创新发展日新月异，我国已有若干数字化平台、头部企业在国内外取得重大影响力。在继续坚定不移地支持数字平台企业创新发展的同时，要解决运行中出现的一些偏颇，比如"二选一"等问题。纠偏的同时，要进一步推动中国本土数字平台企业的创新发展。加快数字化发展要特别重视释放全要素生产率潜力，即通过科技创新赋能经济高质量发展。而财经数字化和智能化是该领域科技创新的重要应用。要实现这个目标，至少要从三个方面加快升级步伐：政府财经管理部门的管理状态要实现数字化和智能化升级、企业和产业的数字化和智能化的升级发展、各类事业单位和社会组织的数字化和智能化发展。

　　实现财经数字化、智能化升级，人才培养是关键。相关的人才需求至少有三大类型：创新型人才、成果应用型人才、技术型人才。而财经数字经济人才大军的培养要把中国的国民教育与职业教育结合起来。第一，支持数字经济人才素质升级和加快培养，首先需要深化教育和科技领域的配套改革，推动国民教育和职业教育健康发展，推动科研体系更好地遵从科研规律，适应现代化需要；第二，无论在本科和研究生教育还是中职和高职等职业教育方面，都要积极丰富与数字经济有关的专业；第三，在"有教无类"的广泛性上，要加入因材施教的针对性，及时发现天才的苗子，特别优异者就应该推荐升级进修；第四，财政部门要进一步强化和优化对数字化、智能化教育和培训的支持，考虑在机制上进行创新，使有限的财政资金更好地发挥放大作用；第五，结合"新基建"和相关的综合开发，对接到PPP等政府社会资本合作的机制创新，鼓励引导社会资本、民间资本开办教育机构和培训机构，支持数字经济人才的培养。

数字经济的发展需要各方面的配套支持，如进一步加强数字基础设施建设，促进互联互通智能化。数字经济产业化、产业经济数字化，意味着作为中国国民经济脊梁的实体经济，特别是其中的制造业要改造升级，要把中国经济的发展推进到高质量发展的轨道上，而这也意味着必须推动数字经济持续赋能，使传统产业转型升级达到中国式现代化的客观要求。

同时我们要意识到数字经济的发展，也必然带来对传统行业就业机会的排挤效应，这在人类社会一轮轮创新发展的过程中，早有历史经验。20世纪初期，汽车出现后，马车行业全链条上的就业受到了汽车作为新代步工具的挑战，马车供应链上的就业机会受到排挤。但总体的发展结果是新兴产业提供的就业机会，在很大程度上冲抵了其对旧产业就业的排挤效应。

我们在认识数字经济对于一些传统产业就业的影响时，应该将历史经验结合现实做全面的把握。数字经济在增加就业机会的同时，对就业的结构性产生了重大影响，而结构性就业矛盾已对中国提出了挑战。非常突出的一个挑战是，统计上称为16—24岁的青年就业困难，包括一些硕博士高学历人群，对于这个就业结构失调的特征，我们要特别加以关注和做出中肯的分析。人力资本新生代由教育体系输送出来，却不能适应、满足社会实践需求，教育的"产能"不适应社会有效需求，无法形成有效供给。媒体曾报道，六分之五的中国医科大学的毕业生不能走上医生的岗位，我们当时看了以后还是很受震动的，如果说大比重的毕业生不能当医生，他们做什么？回答是大多数人做医药代表，卖药去了，那么再继续问到底，什么原因造成这种情况？可能至少有几种不能不指出的原因。第一，教育系统培养的未来的医生人才，普遍是分科的，例如内科、外科、耳鼻喉科等。而现实生活中，大量需求的岗位是全科医生，他们不能对应这种有效需求，形成有效供给。第二，毕业生希望留在大城市，特别是北上广深这样的一线城市，他们很难接受到县甚至乡镇级医疗机构去工作。而现实恰恰是大量的需求在县和乡镇。

矛盾就表现在结构上，如何通过优化人才供给结构去适应社会需要。优化就业结构，要紧密结合数字经济时代提供的种种创新支撑力量，要对接已经提出的"高质量就业"这样一个概念。

中国的民营经济已经不只半壁江山，1.6亿以上的市场主体里绝大多数是民营经济，它们在带动一批新的就业岗位的涌现，以此缓解就业压力。过去说90%以上的城镇新增就业由民营企业提供，而依据统计局数据，2020年以后，中国城镇新增就业岗位100%甚至100%以上是民营企业提供的。怎么会出现100%以上呢？国有企业发挥着重要的作用，但总体的发展趋势是资本密集型，资本有机构成的提高使国有企业提供的就业总规模有所萎缩，萎缩的部分由民营企业来提供就业岗位"回填"，所以是100%以上。在民营企业中发挥着创造就业龙头作用的平台企业，产生了直接、间接，或辐射的作用。民营企业绝大多数是小微企业和接近一亿的个体工商户，它们提供的就业岗位，渗透在中国经济生活的各个毛细血管的节点上，对于全局的意义是合成的，是非常值得注意和加以养护的。新增就业岗位，对于16—24岁这些走向市场的年轻人安居乐业，会起到不可忽视的推动作用。

在短期结合中长期的视角上，要特别注意教育结构优化，按照数字时代企事业人才的需求调整教育体系和专业设置，以系统性的解决方案使人才供需能够更好地匹配。客观地讲，这个变量相对而言有"慢变量"的特征，所以在解决就业结构性矛盾的时候，既要有一些结合中长期通盘的安排，也要有一些过渡性举措。现阶段，一个更为迫切的命题是，在数字经济推动下，更好地发挥平台企业"完成整改"、引领发展的作用，才能在走向高质量发展的过程中实现高质量就业。

过去经济学比较强调的是"充分就业"，为什么现在还有"高质量就业"呢？显然它跟高质量发展有内在的关系。凯恩斯在《就业、利息和货币通论》中提出"充分就业"，指的是某一个工资水平之下所有愿意接受工作的人都获得了就业机会。这个"充分"并不等于100%的就业，仍然存在一些可以接受的摩擦性、结构性失业。但是这种失业状态一般来说存在的间隔期比较短，失业率可以等同于自然失业率。"高质量就业"可不仅仅是"充分就业"，谁在定义"高质量就业"？它涉及的主体至少有三方面。第一是劳动者，一般认为就是雇员、劳方，在薪资方面要满足高质量生活的需求，其高质量就业的核心要义主要是薪酬水平够"高质量"。第二是资方、雇主。他们希望在有双向自由选择的情况之下，能够既招来令资方满意的雇员，又能够达到尽可能控制劳动成本的目标，会认为这种情况属于他们的"高质量"。第三是政府管理部门。他们的视角更注重于要满足社会成员、社会公众基本的安身立命保障，既要实现自身在促进高质量就业方面的政府责任，控制总体失业率在比较低的水平，又要在就业令人基本满意的情况之下，实现经济可持续、高质量发展。

一方面，要以平台企业引领发展为抓手。平台企业要依托自身的成功经验和创新举措发挥辐射作用。平台经济在经济价值上生发出的正外部性的社会价值，直观地看，表现为头部企业数量不多，但它们的上下游由大量的中小微企业形成供应链来共同发展，这种正外部性在研究中已经给出了理论联系实际的表述，我们称为平台经济的经济价值和社会价值的综合认识。

那么在这种综合价值发挥作用的过程中，平台要更多面向中小微企业和上下游产业链的各个环节，以交流分享、技术赋能、资源对接等多样方式，形成积极的辐射式"引领"带动作用，促进生成一系列新的就业岗位。在依托平台企业区别于传统企业发展的韧性和适应性方面，应积极发挥引领作用和挖掘潜力，在特殊的经济社会波动冲击之下，形成对经济发展的有力支撑，引领、维持社会就业总体稳定发展。

另一方面，政府要引导平台企业协同促进高质量就业。平台企业绝对不能等同于慈善机构。首先它们是在商言商的市场竞争主体，各个大平台企业都有自己基于企业自身目标的战略规划，也应该掌握应有的企业自主的生产经营决策权。所有的市场主体，首先自己能够在竞争中、在遵纪守法的情况之下生存，企业不能生存下来谈什么社会责任？加入竞争能够安身立命继续发展，才能更好地发挥社会责任，提供就业机会，促进社会经济发展。

政府在尊重市场资源配置起决定性作用的前提下,要依托经济利益杠杆,合理地引导平台企业协同推进高质量就业,如减免税收、财政资金做贴息而形成的优惠贷款和产业引导基金等。

政府要做好必要的过程协调和社保制度的安排,使社保体系进一步发展健全,分配政策进一步优化,以此促进利益平衡和社会稳定。每一轮创新发展都必然产生一批被边缘化的传统产业从业者,需帮助他们适应这样的过程,跟上经济社会发展,共享改革开放成果。

第五节　收入分配与新质生产力激励机制的优化

收入分配问题是个重大而复杂的社会问题，受诸多因素的影响，同时又是诸多社会问题的根源所在。改革开放以来，我国收入分配制度改革逐步推进，按劳分配为主体、多种分配方式并存的分配制度框架基本确立，以税收、社会保障、转移支付为主要手段的再分配调节机制框架初步形成，配合和促进了社会主义市场经济体制的建立和国民经济发展、人民生活水平显著提高。同时，也要看到收入分配领域仍存在不少亟待解决的突出问题，城乡区域发展差距和居民收入分配差距依然较大，收入分配秩序不规范，隐性（灰色）收入、非法（黑色）收入问题比较突出，部分底层群众生活比较困难，与宏观收入分配格局相关的一系列制度建设、合理化改革任务难度很大，推进迟缓。这些问题的存在，关联于我国经济社会转轨与发展全局的"矛盾凸显"，迫切需要我们加强深化收入分配制度改革研究。

党的十八大报告指出："实现发展成果由人民共享，必须深化收入分配制度改革。"党的十九大报告进一步指出："坚持在经济增长的同时实现居民收入同步增长、在劳动生产率提高的同时实现劳动报酬同步提高。"可见，收入分配问题已成为解决好人民最关心的利益问题，提高人民物质文化生活水平的一个重大的、足以影响全局的基本问题。我国在过去近40年里取得的发展奇迹，得到了人民群众广泛的拥护和积极的参与，根本原因就在于，改革开放的伟大变革带来了生产力的解放、国力的增强和人民生活水平的提高。随着经济社会持续快速发展，人民生活需要日趋多样化，以多方面、多层次生发的对美好生活的向往更加强烈。与此同时，我国仍然是一个发展中国家，人均国内生产总值在国际上尚处于中等收入国家行列。党的十九大把新时代我国社会主要矛盾概括为人民日益增长的美好生活需要和不平衡不充分的发展之间的矛盾，并有针对性地提出了提高人民收入的重要原则与要领："坚持按劳分配原则，完善按要素分配的体制机制，促进收入分配更合理、更有序。鼓励勤劳守法致富，扩大中等收入群体，增加低收入者收入，调节过高收入，取缔非法收入。"这些为优化收入分配、更好满足人民需要，给出了重要的指导。

坚持以人民为中心，把人民对美好生活的向往作为奋斗目标，保证全体人民在共建共享发展中有更多获得感，不断促进人的全面发展、全体人民共同富裕，是习近平新时代中国特色社会主义思想的精神实质，体现在新时代坚持和发展中国特色社会主义的基本方略之中，也是破解不平衡不充分的发展的关键。而解决好收入分配问题促进共同富裕，从学理视角而言，需在激励—约束的认知框架下，把握好优化收入分配的政策理性，厘清追求共同富裕愿景和做好"先富"向"共富"转换的基本思路，在遵循承认各要素的贡献、把按劳分配与按其他要素分配相结合等基本原则下，以改革即解决有效制度供给问题为龙头，带动初次分配、再分配、第三次分配及其配套政策设计和政策体系动态优化。

收入分配问题相关的"激励—约束"，实质上就是要处理好"做大蛋糕"与"切好蛋糕"这两个紧密关联、在社会再生产中主要的、互动的对立统一关系。

（一）"公平"的概念和"公平与效率"的关系亟须廓清

关于"公平与效率"的讨论在学术界由来已久，所涉及的现实问题是非常重要的，而且近年在中国与日俱增地引起了各方面的强烈关注。已有不少研究者指出：公平与效率的关系并非全是此消彼长的对立关系，也有相互促进、互为条件的关系，这一点十分重要，需要进一步细化分析。我们认为，如果从细致、严谨研究的角度，应该把"公平"之内涵再做拆分，通常人们谈到很多公平问题，要视情况的不同再细分定位才能较准确地表达原意。比如说近年来人们越来越多地认同应做出"规则的公平""过程的公平"和"结果的公平"这样的划分，那么规则公平和过程公平所强调的是"公正""正义"，这两个公平与效率是没有矛盾的，并且是保护、促进效率的，主要是指通过公正的待遇和处理，使大家各尽所能，得到一种发展中的公平的环境。但论及结果的公平，则实际是指结果的均平状态，这种均平确实与效率有一定的此消彼长的关系。过于平均，则激励不足，影响效率；过于悬殊，则虽有强激励，但弱势、低收入人群的困难与不满增升又可能带来矛盾凸显，危害社会和谐稳定，所以调控者需要做出合理的权衡掌握。遗憾的是，人们讨论公平问题时，往往是把这两个概念混同，完全"一锅煮"了，接着带来的问题就是"搅糨糊"，无助于问题的廓清。清楚地区分汉语中"公平"在不同情形下实际分别所指的规则、过程公正的"公平"和分配结果相近的"均平"这两个不同对象，对于正确而深入地讨论问题实属必要，有利于大家避免"鸡同鸭讲""苹果与橘子比"。近些年收入分配方面的矛盾凸显之后，人们讨论时往往慷慨激昂，争论激烈，但是却普遍地把应当清楚区分的这两个命题混在一起说，也就带来了在同一个概念下说不同的事情、实际没有共同语言的情况，造成了中文语境中"公平与效率"问题的混乱。观察以中文翻译的西方学界关于"公平与效率"的文献，也有类似的问题，英文"fair""fairness""equity""equality"在词典上普遍是互证互解的关系，中文翻译一律译作"公平"，但细究词根与最基本的词意，equity 有"股本"之意，更适合于表达标准化的"均平"，而 fairness 与"标准化均平"不发生交集，更接近于正义（justice）的含义，一般应首选"公正"译法。如更多地细究这样的语义差别，有望将讨论者陷入"捣糨糊"等不良状态的危险性降低。

（二）"公平"与"均等化"方面的政府责任应当明晰化、合理化、动态化，把握好市场经济环境中的政策理性

如果从起点公平、过程公平（意在公正）的角度来看，政府的应尽之责是制定和维护必要、合理的法律制度和规则，保护合法的产权和公平竞争的环境（"刷出一条起跑线"）。如果从结果公平（意在均平）的角度来说，政府的作用应更多地体现为通过再分配手段抑制、缓解收入悬殊。前期的"结果"在一定场合又是后期的"起点"，于是又联系到政府的另一项应尽之责，就是努力发展和实现基本公共产品、公共服务的"均等化"，这个问题的实质是要"托一个底"。政府应该提供的诸如普及义务教育、实施社会救济与基本社会保障这类公共产品与服务，应该首先把最低限度上的供给水平托起来。同时这并不应理解为政府可以和应当大包大揽地过度着力，把在公平竞争之中和之后必然形成的差异压得十分扁平。应力求清晰地形成政府职责边界和"政策理性"的要领，促成政策的合理优化调整，以有利于社会矛盾的缓解与多元主体活力的持续释放，保障和支持现代化事业的持续发展。

比如，在"住有所居"的公共供给方面，政府首先要托的

底其实不是"经济适用房",一定应该是公租房(廉租房与公租房因为实际很难划清区别界限,可统称为公租房),其入住者是没有产权的,由政府甄别鉴定社会最低收入阶层,让他们入住而"住有所居"。这是关联整个社会稳定的一种"公共产品"。同时政府做这件事情的管理成本也会比较可观,必须在众多社会成员中对公众负责地认清到底谁有资格得到这种公租房待遇。入住进去以后,政府应跟踪观察,如果以后入住家庭的收入上升,到一定的程度,还应劝他们搬出去,把资源腾出来去解决届时真正的低收入阶层"住有所居"的问题。这种管理成本是必须付出的,因为这是政府非做不可的事,关系整个社会的稳定。但是如果按这个逻辑不断提升,以类似方式包揽边界不清的"经济适用房"(现实生活中扩展至十几种具体形式)的供给,说起来会很得民众拥护,实际上做起来却发生大量的扭曲,不少收入较高的人混在一起防不胜防地钻各种制度与政策的"空子",大量不具备资格的较高收入者能够买这种房子,实际上是排挤掉了真正在较底层的社会成员的对应机会,不当地占据了原指望发挥其政府功能的宝贵的公共资源。于是从追求公平、公正的理念出发,造成的却是让人啼笑皆非的结果,使五花八门的"经济适用房"变成了一个"管不了,管不好"的事情,政府做了很多还要挨骂,因为把应当用来"雪中送炭"的钱,往往变成了"锦上添花"和乌烟瘴气的设租寻租投机取巧,前面好的动机没带来后面好的结果。

（三）为把握好收入再分配的政策理性，需以对收入差异形成原因的正确分析作为政策设计的哲理性前提

结果的公平（"均平"）与效率确有一定的负相关关系，在我国的"矛盾凸显期"正确处理"均平"与效率的权衡点，既是各方都非常关注的事情，也是非常复杂、很有难度的事情，是把握好政府于再分配领域的政策理性的核心问题之一。毫无疑问，政府以必要的调节、控制、规范手段介入收入再分配，遏制收入差距扩大、防止"两极分化"的固化并促其收敛，是政府的应尽之责，但需要以对收入差异的原因做出正确分析为前提来有针对性地实施分类的政策和协调、组合、配套的方案。概而言之：应鼓励的收入差异还需要有所鼓励；正当的收入差异应尽量容忍；不规范的收入差异要调控抑制；不正当的收入差异则应大力消除，进而才有利于把握好均平和效率的权衡。这样的认识，是从居民收入差异的具体分析中得来的。

具体分析，中国改革开放以来社会成员收入差距扩大的原因，至少要做出如下七个层次或七个方面的分析、区别。

第一是源于诚实劳动中努力程度和辛劳程度不同而形成的收入差别。在传统体制平均主义大锅饭环境中，"干好干坏一个样"，那是养懒人的机制和体制，收入差异小，但生产力也得不到解放，被有识之士深恶痛绝。改革开放之后，总体的"勤快"程度提高了，但"勤快"人和"懒人"的相对差异仍

然存在，新的体制和机制使"懒人"和"勤快人"的收入差异明显扩大，这种源自努力程度、辛劳程度不同而形成的收入差别，或作为收入差别中的一种重要构成因素，在社会生活中必然出现。

第二是源于各人禀赋和能力不同而形成的收入差别。社会成员间必然有禀赋和聪明才智方面的一定差异。在改革开放之后发展起来的竞争环境下，先天禀赋和基于其他原因在后天综合发展起来的聪明才智，结合构成各人各不相同的能力、才干。客观存在的这种差异必然带来各人收入水平上的差异。一些特殊的、稀缺的能力与才干，如企业家才能、科技人员创新才能，也包括文体明星的特殊技能等，一旦在市场中具体化为竞争力，则相关收入差别的扩大，比"努力程度"带来的差别往往要高出许多倍。

第三是源于要素占有的状态、水平不同而形成的收入差别。由于种种客观原因（如继承关系），每一个具体社会成员在资金、不动产乃至家族关联、社会人脉等方面（这些都可归于广义的"生产要素"范畴），必然是有所差异的，而由此带来的收入（如利息、房租，以及经营活动中的重要信息、正确指导与规劝等促成的收益）高低不同，也是客观存在的，并且有可能形成一定的传承和"自我叠加"的关系。

第四是源于机遇不同而形成的收入差别。比较典型的是市场态势变动不居，不同的人做同样的事，可以纯粹由于时点不同（当然实际生活中也会伴随其他方面可能的种种不同）而结果大相径庭，"好运"的可好到一夜暴富，"坏运"的会坏到血本无归，这里面机遇的因素也是不可否认的，在市场经济的某些场合，其作用还十分明显。

第五是源于现行体制、制度"明规则"因素而形成的收入差别。有些由体制造成的垄断因素和制度安排因素，在现实生活中可以强烈地影响社会成员的收入水平的高低。比如一般垄断行业职工的收入明显高于非垄断行业，又比如公职人员收入水平与组织安排的具体位置关系极大（比如某地一位财政局局长曾由组织上调他去当地银行当行长，收入一下子翻了几十倍，后来又调回来当财政局局长，收入又一下子掉下来几十倍，"组织上让我富我就富，让我穷我就穷"）。

第六是源于现行体制、制度中已实际形成而不被追究或暂时不被追究的"潜规则"而形成的收入差别。这大体相当于一般人们所说的"灰色收入"，现实存在，透明度很低，往往在规范渠道之外，按"心照不宣"方式或"内部掌握"方式实施其分配。比如公职人员前些年相当大的一部分"工资外收入"，在没有"暗账翻明"而阳光化、规范化之前，很多可归于这种收入，其因不同条件、不同部门等，又往往差异很大。再比如企业在法规不明不细或监管松弛环境下，因怎样"打擦边球"不同而形成的职工收入分配水平差异，也可能十分显著。

第七是源于不法行为、腐败行为而形成的收入差别。这大体相当于一般人们所说的"黑色收入",往往数额巨大,与违法偷逃税款、权钱交易、贿赂舞弊、走私贩毒等相关联。

上述多个角度、不同层面的收入分配差异形成的原因,在现实生活中的某一个具体案例之内,到底有多少因素介入,各起多大作用,通常都不可一概而论。从政策理性原则说,应首先在哲理层面明确对应于各个收入源头的不同针对性的政策导向。

粗线条地说:(1)对于勤劳致富、才能致富(前述第一、第二项原因),政策都应当大力鼓励或以鼓励为主。(2)对于要素占有和机遇不同(前述第三、第四项原因)而形成的收入差异,政策上应当适当调节,但不宜抹平处理(否则开放条件下的要素外流将十分严重,市场经济中客观需要的首创、冒险精神也将受到极大抑制)。(3)对于体制性明规则、潜规则不周全、不合理(前述第五、第六项原因)造成的收入差异,在明确需有所调节、抑制的同时,关键是以政策和制度建设推动深化改革、机制转变(包括"花钱买机制"),追求制度合理化、规范化,再配之以必要的再分配调节(光讲调节不注重制度建设,必然流于"法不治众"或"扬汤止沸")。(4)对于违法乱纪的"黑色收入"(前述第七项原因),必须坚决取缔、惩处,打击其行为,罚没其收入,并注重从源头上加强法治、制度建设以抑制违法乱纪、腐败行径的滋生土壤与条件。

需从上述哲理层面的政策理性引出相关的思路和对策。在具备正确的大方向和针对性要领之后,再做出具体的政策设计(包括政策工具选择、政策组合和有效率的实施方式与程序等,以及不同阶段政策力度的把握),方可落实政府在收入再分配中应当具有的政策理性,正确把握均平与效率间的权衡,发挥好政策应有的功能。应当说,这是相当复杂而艰巨的任务,是"供给侧结构性改革"中应由粗到细逐步优化的系统工程。

第六节　深化改革，高水平开放，营造良好的创新生态

我国现实生活中的中心任务，二十大明确指出是完成现代化，贯彻"新的两步走"这一有时间表特征的现代化的战略部署，现在正在爬坡过坎。在前面总体的发展历程中，中国进入近现代是以鸦片战争为标志，有可歌可泣的奋斗过程，经历那么多的挫折坎坷之后，20世纪三件大事（中央文件里专门表述过）从辛亥革命推翻千年帝制，到1949年中华人民共和国成立（这使我们进入了"站起来"的时代），然后又有了我们改革开放这第三件大事。我们认为，对于中国进一步的发展和繁荣昌盛，改革开放具有决定性意义，是改革这一"最大红利"引出新时代最基本的支撑力量。现在我们还要基于已有的发展基础，在"强起来"的时代去实现中华民族伟大复兴。中央运用了《战国策·秦策五》中的"行百里者半九十"，意蕴清晰：我们现在要解决的发展任务是在不到三十年的时间之内使"中国梦"梦想成真，但它要经受的历史考验、这个任务的艰巨性，至少和我们前面一百多年的奋斗历史不相上下——最后"十里路"爬坡过坎这方面，中央特别强调了内生动力，这个内生动力和之前中央讲的发展观、新发展理念里特别强调的

"创新发展是第一动力",有内在的极为紧密的联系。在这个方面,和实际运行结合来看,就需进一步强调怎样真正在改革的深水区攻坚克难,把这种内生动力和创新发展第一动力,真正落实到我们推进现代化的过程中。

从2010年以后宏观经济的发展态势来看,我国成功抵御了世界金融危机之后,2010年又出现了10%以上的两位数高速增长局面,但是在当年年底中央经济工作会议上,决策层非常清楚地提出带有哲理意味的"稳中求进"指导方针,以后这个"稳字当头、稳中求进",就年年讲,季季讲,时时讲,一直讲到现在,这几年又强调了"六稳六保"等要求。最新中央经济工作会议在稳中求进方面,又特别强调了"以进促稳,先立后破"——大家对此还在进一步领会。这里面的逻辑关系,其实是很清楚的:稳中求进实际上就意味着碰到了不稳的风险和威胁,要真正实现稳中求进,显然要有动力源使经济社会运行能够冲抵那些不稳的因素,得以在中央表述的"中高速"这个状态下,继续推进现代化的发展——"进"是实质性的诉求,是"稳"的出发点、支撑力和归宿。进而要认识到,这个中高速伴随着的最关键的要求,是要有高质量——整个中国的发展,必须是在高质量发展的状态之下,才能够如愿地适应现代化战略实施的要求,真正走上民族伟大复兴道路而行稳致远。

2010年提稳中求进所对应的"问题导向"下,可简单概括两个突出问题。中央后来文件里专门说到过一系列的问题,概括地说，可以从物质生活的视角和人际关系的视角来提炼一下必须克服的威胁，即我们寻求可持续发展时后来中央说的"矛盾累积隐患叠加"的问题。一个是物质生活视角，当时以雾霾为代表的严重大气污染时不时席卷大半个中国，而且已造成不良的国际影响。在大气污染后面还有普遍发生的水流的污染、土壤的污染、食品安全问题，中国的家长们担心自己的孩子还能不能健康成长。这样的问题不解决，就谈不上现代化的可持续推进了。另外一个人际关系视角，最典型的，就是收入分配状况。看指标，人民生活水平是在不断提高的，人均收入节节上升，但是获得感、幸福感没有能够同步地一起提升起来。说到收入分配，似乎人人都有一肚子怨气，似乎都觉得存在着收入分配不公，学者们越来越多地在抨击收入差距过大，甚至直称为两极分化；早年所说的不正之风，已经发展为普遍、高发的腐败。这样的问题不解决也根本谈不上可持续推进的现代化。在中央的基本判断上，就是必须牺牲一些速度，转为在经济起飞、粗放高速发展之后进入一个新的中高速集约增长的高质量发展状态。国际经验也表明，到了中等收入阶段以后的经济体，都要经历这样一个调整过程，告别高速而转为调整到集约发展的低一些的速度运行状态中。过去这方面国际实践中可观察的案例，有成功的，有失败的，而成功者是绝对少数。成功者意味着进一步通过高质量发展途径进入高收入经济体。我国在 2010 年的时候，人均国民收入是 4 000 美元出头，是来之不易的。在改革开放之初，中国的人均国民收入水平是人均200美元出头，在有统计资料的全世界将近200个经济体里，我们是排在190位之后，可以说是人均水平最低的垫底的经济体。所以，邓小平"文革"后复出时曾到东北有一个视察，他就非常直率地说，讲老实话，我们对不起人民，搞了这么多年的社会主义，人民还如此贫穷。而到了2010年，我国人均国民收入已经上升到了4 000美元，翻20多倍上来了，是来之不易的发展成果。到了这个时候，国际经验大同小异，都必须处理一个告别经济起飞高速发展阶段的粗放特征而转入集约发展特征的阶段。

中国在这个方面，中央后来表述的就是"认识、适应和引领新常态"——"新"就是直观地看高速度必须有所调整了，要牺牲一些速度，客观因素和主观因素合在一起要引导到中高速上来。关于"中高速"，中央文件从来没有说是什么量值区间，我们作为研究者认为，一般来讲可以理解为5%—8%是中高速的区间。那么可以对比一下近年的情况，2020年和2021年的复合平均增长率为5.5%，2022年和2023年的复合平均增长率只有4.1%，但2023年我们同比是站在5.2%的增速上，2024年的引导性目标仍定为5%左右。在中高速这方面实现高质量的发展，《人民日报》上有"权威人士"——实际上就是领导人与写作班子用的笔名，专门给出了一个基本判断：引领新常态这个阶段转换，不可能是个V形反转（下来以后又上去），也不可能是个U形反转（下来以后走一段儿又上去），只能认为是一个L形转换。这也是个比喻，一竖是表示下行过程，尾巴拉出来以后应该是个平台状。所以，引领新常态的由"新"入"常"，实际上就是要实现这样一个L形转换以后，落在时间段越长越好的中高速发展平台上，而关键就是这个平台上的运行，必须是高质量的。怎样算高质量？中央后来又给出一个非常重要的判断，我们碰到的矛盾累积隐患叠加的问题，矛盾主要方面是结构失衡，结构问题必须作为解决问题的最关键的切入点，优化结构才能带来高质量。那么实际上隐含着一个基本判断：周期性视角上，反周期的总量调节还要继续做，但是优化结构方面，即更复杂的、学术上可以称为"供给管理"而有别于总量调控"需求管理"这方面，要得到更高程度的重视。

到2015年进一步引领新常态过程中，决策层给出战略方针的表述，是为"供给侧结构性改革"。这个概念提出之后，学术界有一些讨论以求深化理解。新供给经济学研究群体比较早地注意到供给侧方面理论创新的必要性，组建了这方面的研究团队，后来正式成立新供给经济学研究院的智库。在中央提出这个战略方针之前，也积极提供了智力支持的研究报告。当中央正式给出这个概念以后，有提问说：这个"供给侧结构性改革"听起来文绉绉的，是三个概念合在一起而落在改革上，它和过去我们说了很多年的"改革"这个概念是什么关系？按新供给经济学研究者的理解，可以说它就是邓小平当年所说的"生产关系自我革命"的那个改革，但是在改革深水区体现着必须承前启后继往开来，两个改革概念实为同一个概念的表述——一个是简化的，一个是全称的。但这个全称表述出来，却表现了十八大以后新的领导集体在科学决策和政策优化方面，特别看重中国特色社会主义政治经济学学理的支撑。如果从学理、从基础理论层面来说，改革是解决有效制度供给的问题，那么先把"供给侧"标出来。这个制度供给的有效性靠什么呢？要有制度安排上革除弊病、优化制度结构方面的实质性进展。制度的结构，涉及一些最基本的经济关系，结构特征非常明显，不同的制度安排有不同的结构特点——比如我们过去讲，高度集中体制形成的弊病，处理的是什么呢？就是人们所说的政府对企业（或称为市场主体）实行直接控制这样一种关系，后来习近平总书记指出，政府和市场的关系是我们改革的核心问题，几十年来在反复探讨。政府和企业，或者叫政府和市场主体这个关系的旁边，还必然要处理如此之大的一个中国，中央和地方的关系，这又是一个基本的经济关系。20世纪50年代毛主席考虑十大关系的时候，就在强调"两条腿走路"，调动中央地方两个积极性，传统体制下就已在探讨怎么样让两个积极性同时发挥——历史上曾有几次放权方面的大动作，但是陷入了"放乱收死"的不良循环。改革开放之初实行财政分灶吃饭，被评价为"行政性分权"，而真正进入良性循环的境界，要说到1994年分税制配套改革，从"行政性分权"进入"经济性分权"。当然，1994年后还遗留有深化改革的任务，还有很多要进一步去解决的分税制体制怎样完善、在省以下怎么落地的问题。

在政府和市场、中央和地方关系之外，还有一个非常重要的基本关系——在1994年的改革框架出来以后，我们现在看得越来越清楚，那就是公权体系即各级政府和作为自然人的公民、纳税人之间的关系。改革开放之初，就不得不依照国际经验推出个人所得税，主要对外国专家征收；后来与中国老百姓富裕阶层对应的，是个人收入调节税；又在有了越来越多的个体工商户后，推出个体工商户的个人所得税。1994年把它们统一为一个相对规范的个人所得税，其后还有一轮一轮的改革，最新的一轮是2018年。

以上这三大基本经济关系的交会点，集中体现在财政体制上，牵一发动全身，与经济社会整体制度安排是紧密联系在一起的。这样的制度结构优化任务，即我们进入改革深水区后的攻坚战。这些年大家都感受到了，改革的推进越来越不容易。总书记说感受是"好吃的肉都吃掉了，剩下的都是难啃的硬骨头"。但是"硬骨头"必须啃下来，这是我们必须经受的历史性的考验，必须解决的攻坚克难、爬坡过坎的任务。所以，"供给侧结构性改革"，是把制度供给概念和制度供给优化必须革除弊病的制度结构优化结合在一起，引出"改革"这个关键词。在实际发挥作用这方面，就是要以改革的制度创新，形成一个最强劲的动力源，带动整个供给体系结构的优化和质量与效益的提高。

这个供给体系的结构问题，从经济学上说，是各个视角上的结构问题可形成一个我们必须处理的系统工程这样的全景图——在实际生活中，人们反复讨论的生产力布局、产业结构、技术经济结构、企业组织结构、区域结构、收入分配结构等，综合而成一个全社会的供给体系。所有的生产经营活动在这个大系统里，形成产出，表现为以产品和服务去满足人民群众不断增长的物质与文化需要。中央已把中国社会主要矛盾提炼为人民群众美好生活需要和不平衡不充分的发展之间的矛盾。如前所述，这个社会主要矛盾落在不平衡不充分的发展上，从理论上可做这样一个解读：发展的不充分永远存在，永远不会出现一个100%满足的状态（这意味着经济生活中没有什么再继续发展的必要了，因此是不可能的），每一轮新的需求满足之后还会有进一步的升级要求，关键在于，我们现在面对的是不平衡带出来的不充分。所以，必须是以供给侧结构性改革克服中央说的矛盾主要方面的结构失衡，带出生产力的解放，带出我们的高质量发展。这样一套逻辑，就是中央在2010年后以一系列环环相扣的概念给出的我们需要总体把握的怎样推进现代化的认识框架。引领新常态，实现L形转换，在高质量发展的概念之下，必须是以供给侧结构性改革和形成新发展理念来指导我们的可持续发展过程。新发展理念带头的,就是"创新发展",这是"第一动力",也正是中央最近特别强调的内生动力的源头。以制度创新为龙头,带出科技创新、管理创新,还要伴随着思想观念的创新。创新发展跟上协调发展、绿色发展、开放发展、共享发展,这是较完整的中央关于新发展理念的表述。其中龙头因素、纲举目张的因素,一定是制度创新。

回到现实生活中,我们看到整个运行是地方和企业承受了阵痛,在做出种种努力之后,2015 年速度已经落到了 7% 以下,但是从"三去一降一补"切入的供给侧改革带来的综合绩效的提升,使后面有 12 个季度(就是三年的时间段),中国的经济发展在 6.7%—6.9% 这个很窄的区间内波动,当时看着很有希望确立"L 形转换"——前面是下降的过程,到了 6.7%—6.9% 这个区间,已经走了三年,应该乘势继续让它这样中高速运行下去。但是 2018 年以后中美关系出现重大变化,所谓贸易摩擦,很快大家知道还有"科技战""外交战""金融战",还担心会不会有擦枪走火的热战风险,等等。这样一来,市场预期不好,6.7% 的底线被击穿,到 2019 年全年只有 6.1%,2019 年第四季度只有整数关口的 6.0% 了。再往后,又一重大影响因素就是三年大疫,使我们出现了两个几十年来最低的年度增速,一个是 2020 年只有 2.3%,一个是 2022 年只有 3%。到 2023 年,经过艰辛努力,全年运行在年初所提出的 5% 左右的引导性目标实现过程中，最后站在5.2%的水平。在直观的表现上，2023年，我们是站在中高速下沿之上了，但是如果把曲线修匀看，2020年和2021年统计局给出的两年复合平均增长速度是5.2%，接着把2022年和2023年修匀，两年只有4.1%或再稍高的平均增长。从直观表现看，走到这里，2011年以来我国的这个经济增速下行过程还没有完结，但值得特别强调，2023年却有一个"契机之年"的特别的意义：毕竟这一年就单个年度同比来说，是站在5%以上，而以后年度会怎么样呢？应有极大的把握避免再出现前面2020年、2022年那样的新低，那么就有可能把经济运行按中央要求维护在5%以上的合理区间。学者们以各种方法算下来，比较普遍的共识是，中国经济潜在增长率怎么也得在5%—6%的区间——那么经过努力，2023后在5%以上运行，可以说既有中国成长性客观支撑，也有我们主观努力有可能形成的积极促进。

回想2023年1—3季度的数据出来以后，终于看到了向好，在解除第二季度以后大家担心的不良局面的困扰之时，又有财政政策异乎寻常的加码发力——进入10月份，政府宣布实行预算调整方案，一万亿元特别国债直接表现在赤字率提升上，从3%提升到3.8%，政府的态度就是要明确地表现我们扩张力度的加强，而且不那么忌讳赤字率高一点儿低一点儿这样的问题，这也是符合国际经验的。这样一个一万亿元的资金，实话实说也只是一个引子钱，配上其他一系列的措施，包括以三令五申的"两个毫不动摇"提振民营企业的信心，出台前所未有的重磅文件《中共中央 国务院关于促进民营经济发展壮大的意见》(简称"31条")不仅强调支持民营经济的"发展"，还要支持它的"壮大"。这个"31条"文件以后，又有中国人民银行带头的八部门发布了一个在金融方面支持民营经济发展的"25条"文件，此外还有发改委组建专门的民营经济发展局等一系列措施，形成的合力应该是在后续年度如不出特别的意外、我们自己不犯低级错误的情况下，可乘势继续实现5%以上的增长。这跟一段时间以来不少预测主体的认识不一样。高盛明确说，2024年中国经济增长速度还会落到5%以下，它给的是4.5%。国内一些机构预测结果也认为要在5%以下，有说4.8%或4.7%的。虽然全世界的经济学家都还没有办法拿出一个可以取得共识、令人非常信服的数量模型方法做出精确的短期预测——明年怎么样，下个季度怎么样，但我们比较粗线条地综合而言，只要把客观因素和主观因素结合得好，2024—2025年中国经济应该力求在5%以上运行。这方面主观的努力就非常关键了，就是要回到改革开放新时期开始时邓小平所说的以改革解放生产力。对此，理论上是很清楚的：唯物史观认为，生产力层面会不断发展，在发展的过程中它成为决定人和人的关系——所谓生产关系的最根本的力量。而我们的改革是什么呢？无非是构造顺应生产力发展要求的体制机制，来革除生产关系方面不适合它发展的一些弊端，这就叫解放生产力。内生动力——高质量发展的源头，一定是要在改革面临如履薄冰情况、实际生活中社会弥漫着改革综合疲劳症等不利因素制约之下，我们来坚定不移、义无反顾地贯彻总书记所说的"唯改革创新者胜"这样的指导精神。其实这也是传承了邓小平所说的"不改革开放，只能是死路一条"的战略思维，延续着后面江泽民任上于改革之路上依据邓小平南方谈话给出的巨大推动力确立以社会主义市场经济为前进基本目标的配套改革任务，再到胡锦涛任上提出的"不动摇，不懈怠，不折腾"地推进改革开放，以及现在习近平总书记又给出非常清晰的指导：改革创新取向下要进一步解放思想。

2023年底的中央经济工作会议明确给出信号，要筹划重大的改革举措，而且跟过去几轮改革非常类似，专门跟上一条——谋划新的一轮财税改革。1980年、1994年，都是在渐进改革中有一大波带有一定突变性质的大力度改革，且都以财政作为突破口和先行军。所以这个时候，各方更应该高度关注这些年中央反复强调、但实际推进却有很多不如人意之处的改革进程——这个改革作为内生动力，在我们解决高质量发展这方面，一定是龙头，一定是要在整个中国双循环发展中内循环为主体、内外循环相互促进的新发展格局里面，坚定不移地抓住新旧动力转换的主动力源。

党的二十大再次特别强调了全面依法治国，我们要建立高水平社会主义市场经济，必须匹配"全面依法治国"这个中央大政方针，实现法治化，必须系统化地落实于一整套制度变革、制度安排。实际生活中，和法治的进一步推进比照来看，确实有不少我们不得不承认的、并不顺应发展大潮流的问题和阻力。比如中央讲在贯彻"两个毫不动摇"的方针方面，匹配的必须是弘扬企业家精神，纠正侵犯企业产权的错案冤案。实际贯彻中，这些都还任重道远。在披荆斩棘、砥砺前行地逐渐推进改革中，我们每一步的积极努力，都是意义重大的。大家应该合力推动中国在实现现代化战略目标过程中的攻坚克难。只有坚持不懈的努力，以内生动力来可持续地支持高质量发展，充分发挥新质生产力的作用，才能最终实现中国梦。

第十章 结语

在合卷之前，让我们再度回到本书开头所讨论的问题，即"什么是新质生产力"。从这个概念的定语来看，"新"必然代表了与"旧"对立、焕然一新的状态，而"新质"的"质"，我们认为不仅要放在当下我国经济社会"高质量发展"的首要任务这一语境下来理解，更需要追本溯源，从马克思主义哲学的基本原理和最朴素的唯物主义价值观来看待它，即总书记所指出的，新质生产力所代表的是不同的生产力"质态"。

我们需要从哲学和物理学的角度来认识"质态"这个概念。在中国传统文化中，勇者乐山、智者乐水，所谓水本无形、遇风而塑，表明水的形态是千变万化的。但这里所说的水的形态变化，只是外形上的变化。如果我们加上了温度这个重要变量，当我们不断加热水的时候，在一个正常的大气压之下，从 0 摄氏度到 99 摄氏度的水都只能表现出我们传统概念下的外形的变化，然而一旦到达了 100 摄氏度，水的形态瞬间就从液态沸腾而转化为气态，这就是所谓质态发生变化。另一个方向的降温也是如此，当温度低于0度之后，水会从液态变为固态，这也是质态发生变化。这些生活中的从量变到质变的生动例子，其实都蕴含着丰富的哲学原理。

让我们把目光从哲学再拉回到通常讨论生产力的经济学理论范畴，那么新质生产力就应当对应着生产力"质态"要发生类似水的固态、液态、气态这样不同状态的变化。当然，生产力本身是一个相对抽象的概念，但它能够通过产出和产出效率等衡量指标或特征来具象化。这也就为我们把新质生产力从一个看似"不明觉厉"的概念，转化为实实在在、看得见摸得着的目标明确的衡量的尺子。

事实上，我们作为研究者，在前期的研究过程中也发现了目前存在的一些可能"跑偏"的迷思和倾向。譬如，将"新质生产力"这个概念过度泛化，把各种似是而非的东西都朝"新质生产力"的范畴里靠、试图"蹭热点"。我们在这里想鲜明地提出，新质生产力是一个自带准入"门槛"的概念，不能过度扩大它的范畴，从而避免将有限的资源可能配置到一些只是做小修小补、微小改进的领域，而不能真正"集中力量办大事"，把主要精力都投放到真正需要持续投入、能够带来生产力跃迁式发展的方面去。

我们也要避免陷入所谓的"唯技术论"的另一种怪圈。尽管科技对发展生产力极为关键和重要，但我们也不能只在某些高精尖的领域里以局部的重点替代全局。以芯片制造这样的尖端科技领域为例,并不是说我们把某些技术难点突破了就能够"全面领先"。从美国硅谷的故事不难看出,科技要转化为生产力成果,需要从前到后的一整套体系和配套,需要从生产制造到最终消费的每一个环节都能够很好衔接、良性互动,从而形成消费与生产的良性循环。这一点在马克思《资本论》关于资本实现自我增值的"惊险一跃"问题上就已经有过非常精到的论述,而将这一看似简单的原理放大到如今复杂社会系统中从研发、生产到消费的完整链条中,依旧适用。因此,当我们理解建设创新型国家、建设新型举国体制的时候,也需要从更为系统、全面的视角来理解科技与全局的关系。

因此,本书前九个章节,正是试图从这样的基本认识出发,在更好地认识"什么是新质生产力"的基础上,将这个概念依次分解到组织方式、产业链供应链、绿色发展、数实融合、新型举国体制等多个更为具体的方面,系统性地从新质生产力的内在构成到外部条件结合等方面,综合领会到底是哪些层面的创新构成了发展新质生产力的坚实基础,从而更好地找到下一步推动配套改革创新发展的多个落脚点。

在此基础上,笔者还想探讨在如今新的发展形势下,围绕如何破解"钱学森之问",全面提升我国创新能力、形成强劲新质生产力的一个不容回避的问题,那就是实事求是、解放思想,推动改革勇往直前蹚过深水区,最终实现共产主义和民族复兴。

依照党的二十大要求，我国现实生活中的中心任务是完成现代化，贯彻"新的两步走"现代化战略部署。在前面总体的发展历程中，中国进入近现代是以鸦片战争为标志的，有可歌可泣的奋斗过程，经历那么多的挫折坎坷之后，20世纪三件大事（中央文件里专门表述过），是从辛亥革命推翻千年帝制，到1949年中华人民共和国成立——这使我们进入了"站起来"的时代，然后又有了改革开放这第三件大事。可以说，对于中国进一步的发展和繁荣昌盛，改革开放具有决定性意义，是改革这一"最大红利"引出了新时代最基本的支撑力量。现在我们还要基于已有的发展基础，在"强起来"的时代去实现中华民族伟大复兴。中央运用了《战国策·秦策五》中的"行百里者半九十"，意蕴清晰：我们现在要解决的发展任务是在不到三十年的时间之内使"中国梦"梦想成真，但它要经受的历史考验、这个任务的艰巨性，至少和我们前面一百多年的奋斗历史不相上下——最后"十里路"爬坡过坎这方面，中央特别强调了内生动力，这个内生动力和前面一段时间中央讲的发展观、新发展理念里特别强调的"创新发展是第一动力"，有内在的极为紧密的联系。在这个方面，和实际运行结合来看，就需进一步强调怎样真正在改革的深水区攻坚克难，把这种内生动力和创新发展第一动力，以新质生产力发挥澎湃动能真正落实在我们推进现代化的过程中。针对中国改革已处在深水区的情况，需要特别强调冲破既得利益阻碍和惰性约束的思想解放、观念创新,这是发展新质生产力的先行军。本书中屡屡涉及的制度、技术、管理这几个层次的创新,其实在很多情况之下,都跟思想观念能不能真正实现以实事求是为基本原则、与时俱进的创新紧密结合在一起。改革开放之初,邓小平一篇指导全局的有重大历史影响的讲话,题目就是《解放思想,实事求是,团结一致向前看》,落在开创改革创新局面这个主题上。

世界是不断发展变化的,新生事物层出不穷,实事求是永远在进行时。解放思想就要实事求是,这是马克思主义的精髓。坚持实事求是也必然要求我们与时俱进地推进思想解放和观念创新,这是我们认识和遵从、敬畏规律,"按照客观规律办事"去争取最好结果的正确的思想路线。那么,要真正坚持实事求是,就必须冲破一些教条主义、形式主义陈旧僵化的观点意识阻碍因素,就一定要推进到思想解放和动态过程中的思想再解放。领导人近年已经在不同场合几次又强调了"思想再解放"。当然,要真正把这个思想再解放的要领落实到我们实际的经济工作、整个经济社会运行中去,其实很不容易。我们感觉到现实生活中种种的阻碍因素、惰性因素的影响是非常明显的,既得利益的阻碍,领导人称其为"利益固化的藩篱",这当然根源于人性。人性中有这样一种有学者所称的幽暗面,在很多情况下,由于人性使然,不思进取,故步自封,不知晓或甚至是抵制发展大势,面对创新的风险因素缺乏勇气与担当,只想墨守成规明哲保身,甚至很容易形成保守从众、宁

"左"勿右的社会氛围，但是整个社会的进步、人民群众福祉的提升，却需要引领实务创新的思想观念创新。

在中国推进现代化战略的关键时期，现在怎样去冲破对创新的种种束缚，中央年年在这方面给出指导方针，要求一定要克服形式主义和官僚主义的不良影响。2024年两会上，又在政府工作报告里再次强调了这个要求，但实际上要解决形式主义的问题，克服官僚主义的种种弊病，迫切需要思想上以实事求是为导向，来真正实现突破和解放。很多原来看起来大家都似乎觉得可以认同的条条框框，其实是随时代进步、情况变化需要在创新中突破的，这就要有"试错"的弹性空间与开明态度。很多我们过去未进入信息革命时代而觉得天经地义的东西，到了信息革命时代，却不能够适应时代的要求了，就必须特别注重与时俱进地解放思想。比如为节省公用经费加强廉政建设，曾经表现为有关管理部门规定所有的乡镇干部不允许配备手机，1998年洪灾发生，许多区域被洪水分隔时，通信中断导致应急指挥无法实施，管理部门才清楚认识了破除原来那条清规戒律的必要性。又比如，在我们的经济生活中，现在人们越来越多地感受到共享经济在发展，这已不是简单说竞争中就是你输我赢，只讲一些人要出局，现在需要更多地讲"打造人类命运共同体""摒弃你输我赢的旧思维"，而实现更有效的包容性发展，实现更多共享改革开放成果的新机制。

但是这方面确实有很复杂的问题，比如怎样处理促进共同富裕的过程，怎样既有激发活力的很好的机制，又有着力推行的收入再分配，这些都涉及创新中发展新质生产力对我们的考验。以实事求是原则指导下的观念创新和思想再解放冲开不合理的束缚，后面跟着的各种各样的支持创新升级的试错和创新行为才可能蓬勃发展。在中国改革深水区消解"改革综合疲劳症"攻坚克难而推进新质生产力充分而强劲地发挥作用，这是我们必须考虑的一大前提性的创新要领。新质生产力并不是一个大箩筐，什么都能往里装；新质生产力也不是一句抽象的口号，而是能够实实在在改变人民生活、提升国家综合实力的"中国动力"。推动形成新质生产力和经济社会高质量发展，承载着 14 亿中国人民真实朴素的对美好生活的向往，而不断将人民的这一向往变为现实，正是我们发展新质生产力的初心和使命。